# Rasen
## & Bodendecker

besser gärtnern

# Rasen
## & Bodendecker

Simon Akeroyd

DORLING KINDERSLEY

**DORLING KINDERSLEY**
London, New York, Melbourne, München und Delhi

**Cheflektorat** Esther Ripley, Penny Warren
**Lektorat** Zia Allaway
**Projektbetreuung** Becky Shackleton
**Bildredaktion** Alison Donovan, Rebecca Tennant
**Fotos** Peter Anderson, Brian North
**Herstellung** Andy Hilliard

**Cheflektorat der RHS** Rae Spencer-Jones
**Redaktion der RHS** James Armitage, Simon Maughan

Für die deutsche Ausgabe:
**Programmleitung** Monika Schlitzer
**Projektbetreuung** Manuela Stern
**Herstellungsleitung** Dorothee Whittaker
**Herstellung** Mareike Hutsky

Bibliografische Information der Deutschen Bibliothek
Die Deutsche Bibliothek verzeichnet diese Publikation
in der Deutschen Nationalbibliografie;
detaillierte bibliografische Daten sind im Internet
über http://dnb.ddb.de abrufbar.

Titel der englischen Originalausgabe:
Lawns and Ground Cover

© Dorling Kindersley Limited, London, 2012
Ein Unternehmen der Penguin-Gruppe
Text © by Royal Horticultural Society, 2012

© der deutschsprachigen Ausgabe by
Dorling Kindersley Verlag GmbH, München, 2013
Alle deutschsprachigen Rechte vorbehalten

**Übersetzung** Reinhard Ferstl
**Lektorat** Agnes Pahler

ISBN 978-3-8310-2341-7

Printed and bound in China

Besuchen Sie uns im Internet
**www.dorlingkindersley.de**

Hinweis
Die Informationen und Ratschläge in diesem Buch sind von
den Autoren und vom Verlag sorgfältig erwogen und geprüft,
dennoch kann eine Garantie nicht übernommen werden.
Eine Haftung der Autoren bzw. des Verlags und seiner Beauftragten
für Personen-, Sach- und Vermögensschäden ist ausgeschlossen.

# Inhalt

### Böden begrünen 6
Lassen Sie sich von den Vorschlägen in diesem Kapitel inspirieren.

### Säen, pflanzen, verlegen 22
Planen und gestalten Sie Ihren Wunschgarten nach den Schritt-für-Schritt-Anleitungen.

### Den Rasen verschönern 42
Einfassungen, Pflasterflächen und verwilderte Blumen schmücken die Rasenfläche aus.

### Pflanzvorschläge 66
Mit diesen Gestaltungsideen bringen Sie Farbe und Vielfalt in Ihren Garten.

### Rasenpflege 84
So erhalten Sie sich einen gesunden Rasen und lösen auftretende Probleme.

### Pflanzen im Porträt 114
Wählen Sie unter schönen und verlässlichen Gräsern, Wiesenblumen und Bodendeckern.

**Bezugsquellen** 138
**Register** 140
**Bildnachweis und Dank** 144

---

**Simon Akeroyd** betreut die Parkanlage von Polesden Lacey in der englischen Grafschaft Surrey. Davor arbeitete er für die Royal Horticultural Society (RHS). Für die BBC war er als Gartenbau-Experte und Journalist tätig. Er verfasste *Bäume und Sträucher* aus der Reihe *Besser gärtnern* und ist Mitautor von Werken über Gemüse- und Obstanbau.

# Böden begrünen

Lassen Sie sich von den gelungenen Arrangements und Prachtgärten in diesem Kapitel inspirieren! Sie liefern Ihnen das nötige Rüstzeug, um beim Gestalten Ihres Lebensraums unter freiem Himmel selbst kreativ zu werden. Gerade wenn es um große, offene Flächen geht, ist Rasen die erste Wahl: Er liefert einen üppig grünen Teppich, kostet im Vergleich zu festen Belägen wenig und dient als weiche Unterlage, auf der man vorzüglich spielen und sich entspannen kann. Ein Areal lässt sich aber nicht nur mit Gras dicht begrünen: Die Auswahl an Bodendeckern und Wiesenpflanzen ist groß. Sie warten mit den verschiedensten Farben, Texturen oder Düften auf und sind manchmal eine vorzügliche Alternative zum Zierrasen.

## Geometrisch-formale Rasenflächen

Zierrasen erfordert viel Pflege, doch kann man mit ihm eine enorme Wirkung erzielen. Hier hat man formale Grasflächen zum Gartenmittelpunkt gemacht, um die herum alles angeordnet ist.

*Abbildungen von oben im Uhrzeigersinn*
**Formaler Blickfang** Die Streifen im Rasen verlängern die Fläche optisch und lenken den Blick zum Ende des Gartens, wo ein beeindruckendes Wasserelement als Blickfang dient. Geometrische Rasenflächen sind fast immer symmetrisch. Diese hier wird von traditionellen gemischten Rabatten mit Pflanzengruppen gesäumt, die einen Kontrast zum geometrischen Design bilden und es gleichzeitig rahmen. Ein solcher Zierrasen muss mindestens zweimal wöchentlich mit einem Spindelmäher geschnitten werden.
**Geometrische Muster** Zentrales Element dieses geometrischen Designs ist eine Abfolge von Rasenquadraten, die zu drei grasbewachsenen Stufen führen. Durch das Gliedern des Rasenstreifens mit Kieswegen verlängert man den Garten optisch und lässt die Fläche größer erscheinen, als sie in Wirklichkeit ist. Begleitet werden die grünen Quadrate von formal bepflanzten Blöcken aus krautigen Pflanzen in gedämpften, weichen Gelb- und Blautönen. Den äußeren Rahmen bildet eine Lindenhecke auf Stelzen.
**Einfassung aus Formschnitthecken** Grasflächen verbinden Gartenbereiche aufs Beste – und das ist auch einer der Hauptgründe, warum Rasen in ein Design integriert wird. Er sorgt dafür, dass der Garten von einem interessanten Element zum anderen fließt und wie eine Einheit wirkt. In dieser Anlage dient das Gras als Belag für die Wege zur zentralen Sonnenuhr, aber auch für die größere offene Fläche im Hintergrund. Die formierten Buchsbaumhecken rahmen den Raum und geben ihm Symmetrie.
**Von Rabatten gerahmt** Ein auffällig gestreifter formaler Rasen bildet den Mittelpunkt dieser Anlage. Er wird von traditionellen Bauerngartenpflanzen gesäumt, die das Gras sehr schön ins rechte Licht rücken. Der Schwung aus rustikalen Mauern greift seine halbrunde Form auf, während die überdurchschnittlich breiten Mähstreifen im Rasen eine größere Ausdehnung suggerieren. Das lange Wiesengras im Hintergrund unterstreicht den Kontrast zwischen dem streng geometrischen Design in der Mitte und der naturnahen Gestaltung außerhalb des ummauerten Raums.

# Geometrisch-formale Rasenflächen

## Familienrasen

Ein strapazierfähiger Rasen gehört zum Familiengarten. Auf Spielwiesen können Kinder sich so richtig austoben. Stilistische Abstriche müssen Sie deshalb aber nicht machen. Wählen Sie robuste Gräser, die ganzjährig gut aussehen.

*Abbildungen von links im Uhrzeigersinn*
**Spielzeit** Klare Gestaltungsprinzipien sind in Spielgärten ebenso wichtig wie in reinen Zieranlagen. Die rustikale Schaukel hier gibt dem Garten Höhe und dient als Blickfang, während die Pflanzung aus robusten, immergrünen Sträuchern die harten Kanten des Sandkastens und der Zaunpaneele optisch mildern. Wählen Sie aber Pflanzen, die hart im Nehmen sind und es nicht verübeln, wenn sie einmal einen Ball oder ein Spielzeug abbekommen. Wichtig sind außerdem zähe, strapazierfähige Rasenmischungen, die eine ständige Belastung vertragen. Meist enthalten sie Weidelgras und andere Wiesengräser mit weichen Blättern.
**Musterhaft** Den Beweis, dass Gärten ein Spaßraum sein und gleichzeitig gut aussehen können, liefert dieses ungewöhnliche Design. Der verschlungene Weg lädt Klein und Groß ein, auf dem Weg zum Sitzbereich den Garten kennenzulernen. Er unterteilt den Rasen in unregelmäßige Formen und schafft interessante Spielräume für Kinder.
**Sitzecken** Zu den wichtigsten Elementen von Familiengärten gehören »Zimmer unter freiem Himmel«, in denen Erwachsene und Kinder gemeinsam sitzen können. Dieser Essbereich ist ein solches Refugium. Tische und Stühle sollten nach Möglichkeit nicht direkt auf dem Rasen stehen, da sie die Grasnarbe beschädigen und durch die Feuchtigkeit faulen können. Man platziert sie daher am besten auf einer befestigten Fläche. Das erspart einem das Herumschleppen von Möbeln vor und nach dem Mähen.
**Praktisch und modern** Diese Anlage verbindet Funktionalität und modernes Design. Einen reizvollen Kontrast zur zentralen Rasenfläche bildet die Rabatte mit Purpurglöckchen und Ziergräsern. Der Weg aus Gummigranulat verhindert aufgeschürfte Knie und ermöglicht bequemen Zugang zum Spielzelt und der Sitzkiste. Ein prägendes Gartenelement ist die auffällige Farbe des Wegs.

# Kunstrasen

Rasen aus Kunststoff hat viele Vorteile: Er muss nicht gemäht, gewässert und gedüngt werden, ist immer grün und oft weich wie echtes Gras. Aus der Ferne ist der Unterschied kaum zu erkennen.

*Abbildungen von rechts im Uhrzeigersinn*
**Balkone und Terrassen** In diesem modern gestalteten Garten sieht das künstliche Gras sehr natürlich und lebendig aus und ist eine gute Alternative zu Holzdecks und Plattenbelägen. Kunstrasen bietet sich dort an, wo Platz Mangelware ist und man keinen Platz für die Aufbewahrung eines Rasenmähers hat. Hier hätte lebendiges Gras wegen des Schattenwurfs außerdem Schwierigkeiten zu gedeihen, denn die angrenzenden Gebäude, die Bäume in Töpfen und das Rankgitter werfen viel Schatten. Zudem bräuchte man eine 10 cm dicke Schicht Oberboden, was die Statik des Gebäudes ziemlich belasten würde – der Garten befindet sich nämlich in luftiger Höhe.
**Draußen essen** Ein Essen unter freiem Himmel gehört zu den großen Freuden von Gartenbesitzern. Das Begrünen von Sitzbereichen mit künstlichem Gras hat viele Vorteile. In dieser modernen Anlage passt das streng geometrische Quadrat aus Kunstrasen zu den Möbeln und verträgt das Hin- und Herrücken von Stühlen ohne Probleme. Ganz im Gegensatz zu echtem Gras macht dem Grün auch das ständige Betreten nichts aus. Doch der künstliche Teppich hat noch ein weiteres Plus: Er trocknet schneller als echte Vegetation und muss nicht gemäht werden, was einem das wöchentliche Verrücken der schweren Möbel erspart.
**Spielplatz** Flächen, auf denen Kinder regelmäßig spielen, müssen viel aushalten und des Öfteren repariert werden. Kunstrasen sieht für Kinder genauso einladend aus und ist robust genug, um Sport und Spiel auszuhalten. Aber auch Eltern profitieren davon: Die Kinder haben nicht ständig schmutzige Schuhe, mit denen sie ins Haus laufen.
**Ränder** Kanten müssen nicht schnurgerade und langweilig sein. Dieser Kunstrasen, der an einen Belag aus weißen Platten grenzt, wirkt gerade wegen des unregelmäßigen Rands stilvoll und modern. Künstliche Grasflächen sehen immer sauber und gepflegt aus. Ihre Kanten brauchen nicht ständig gestochen zu werden, wie es bei lebendigem Rasen notwendig ist.

Kunstrasen

# Geformter Rasen

Gräser sind vielseitig und schön. Mit etwas Fantasie kann man sie sogar bei der Gestaltung von Miniaturlandschaften, vertikalen Blickfängen und faszinierenden grünen Skulpturen einsetzen.

*Abbildungen von oben links im Uhrzeigersinn*
**Böschung mit Schwung** Gras hat in modernen Anlagen einen großen Vorteil: Es passt sich allen Konturen an, ob vertikal oder horizontal. Das Gelände dieses Gartens wurde zu einer erhöhten, geschwungenen Böschung geformt, die sich um ein zentrales Element zieht. Obenauf hat man Wiesengräser gesät, während der innere Hang mit kleinen Bodendeckern und Sukkulenten ausgekleidet wurde, die etwas Farbe ins Spiel bringen.
**Grasstatuen** Viele Rasengräser können als grünes Kleid für abstrakte Formen genutzt werden. In diesem Arrangement hat man Rechtecke, Pyramiden und Kugeln mit Gräsern bepflanzt und zu einer aufrechten Skulpturengruppe kombiniert. Mehrere der grünen »Plastiken« enthalten Springbrunnen, die aus ihrer Spitze sprudeln. Das Wasser läuft vom oberen Ende seitlich nach unten, verhindert, dass die Gräser austrocknen, und sorgt somit für ein besonders üppiges Grün in modernem Design. Für die der Sonne abgewandten Seiten wählt man Schattengräser. Allerdings muss der Rasen öfter einmal ausgetauscht werden, um immer frisch auszusehen.
**Künstliche Hügel** Moderne Gartenarchitekten nutzen künstlichen Rasen, um wogende Hügellandschaften zu kreieren – der Kunststoff ist wie geschaffen für komplexe Muster und Formen, die sich äußerst schwer mähen lassen würden, wenn sie aus echtem Gras angelegt wären. Dieses Design spielt mit Gegensätzen: Die aufrechten Skulpturen und die Hecke im Hintergrund kontrastieren mit den sanften Wellen und Senken im Vordergrund. Grün ist die dominierende Farbe und wurde wirkungsvoll in Szene gesetzt, gleichzeitig aber um leuchtend rote Akzente ergänzt.
**Duftbank** Beim Formen von Pflanzenskulpturen gibt es viele Alternativen zu Gras. Hier hat man ein Sofa aus immergrünem Buchsbaum und Efeu geformt. Ein Rasen aus Römischer Kamille bedeckt die Sitzfläche – ein echter Kunstgriff, denn die Pflanze entsendet einen einnehmenden Apfelduft, wenn ihr Laub zerdrückt wird.

# Geformter Rasen

## Kombinieren von Texturen

Kontrastierende Elemente innerhalb eines Gartens unterstreichen die Vorzüge jedes einzelnen Bestandteils: Am besten kommen Laub, Gräser, Blüten und bauliche Elemente in kreativer Gemeinsamkeit zur Geltung.

*Abbildungen von gegenüber im Uhrzeigersinn*
**Kontrapunkte** Die natürlichen Gruppen aus langen, wiesenartigen Gräsern bilden einen reizvollen Gegensatz zum kurz gemähten Rasenweg. Für das längere Gras wählt man keine zu wüchsigen Formen. Falls es zu sehr in den Weg hineindrängt, muss es zurückgeschnitten werden, sonst stirbt der kurze Rasen ab, was besonders dann hässlich aussieht, wenn die langen Halme im Winter einziehen und die kahlen Stellen sichtbar werden. Der Weg muss regelmäßig gemäht werden.
**Erhöht** In diesem Design stehen Farben, Formen und Texturen in einem spannungsreichen Widerstreit. Die geometrischen Rasenquadrate auf erhöhten Beeten aus Blockschiefer ragen aus einem weichen Teppich aus rosa Beetblumen auf, als hätten sie mit dem Gras den Platz getauscht. Schmale immergrüne Zypressen ziehen vertikale Linien und bereichern das Arrangement um eine zusätzliche Textur.
**Bodendecker** Aus dem Nebeneinander der kleinen horstbildenden alpinen Pflanzen mit weichem, lindgrünem Laub, des Rasens mit seinen dünnen Halmen und der hohen bandförmigen Blätter im Hintergrund entsteht ein einnehmender Texturkontrast. Zusätzlich belebt wird die Rabatte durch die winzigen weißen Blüten, mit denen die Gebirgsgewächse zwischen den anderen Pflanzen wie Nadelkissen aussehen.
**Würfelspiel** Dieses ungewöhnliche, abstrakte Design besteht aus einer Rasenfläche und aus Drahtwürfeln, die zum Teil mit Bubiköpfchen (*Soleirolia soleirolii*) begrünt wurden. Zusammen mit den kontrastierenden Halmen des Rasens bilden die winzigen Blätter dieses Bodendeckers ein interessantes Patchwork. Seine dichten Matten überdecken sogar das Drahtgerüst und die Ziegel. Bubiköpfchen vertragen zwar Sonne und Schatten gleichermaßen, brauchen aber feuchte Bedingungen und müssen daher häufig gewässert werden.

## Blüten im Gras

Die Kombination aus Blüten und Gräsern in kontrastierenden Farben macht sich besonders auf größeren Flächen gut. Mit Zwiebelblumen setzt man im Frühjahr Farbtupfer im Rasen, doch kann man das Gras auch wachsen lassen und mit Wildblumen zur Wiese machen. Präriepflanzungen sind eine Kombination aus Gräsern und Blütenstauden in Rabatten.

*Abbildungen von oben links im Uhrzeigersinn*
**Frühlingsflor** Einfach, aber wirkungsvoll sind Reihen aus Traubenhyazinthen, Anemonen und Schneeglanz. Pflanzungen wie diese tun großen Grasflächen ausgesprochen gut, doch lässt sich derselbe Effekt auch auf kleinen Grasflächen mit Zwiebelblumen erzielen. Allerdings muss der Rasen um die Zwiebeln herum wöchentlich gemäht werden, damit der Kontrast zwischen Gras und Blüten erhalten bleibt.
**Moderner Mix** Das Laub des Federgrases *Nasella tenuissima* lockert die Gruppen aus weißen Rosen, Tauben-Skabiosen und Schwarzen Schmuckkörbchen auf. Die lockere Pflanzung gibt der ansonsten traditionell gehaltenen Rabatte einen modernen Einschlag. Ziergräser entfalten mitunter enorme Wirkung, denn ihre Blätter und Samenstände setzen einen interessanten Kontrapunkt zu den farbenfrohen Blüten.
**Blumenwiese** Zu den beliebtesten Wiesenblumen gehören Klatsch-Mohn, Margeriten und Kornblumen, die auch in kleinerem Rahmen, etwa einer Rabatte oder einem Blumenbeet, gut aussehen. Sät man Einjährige auf Wiesen, bilden sie im Handumdrehen ein wahres Farbenmeer. Lässt man sie obendrein vor dem Mähen im Spätsommer Samen ansetzen, stellt man die Blumenpracht für das nächste Jahr sicher.
**Präriestil** Diese traditionelle Präriepflanzung setzt sich aus feurigen Garben, Rudbeckien und zarten *Nasella tenuissima* zusammen. Das Federgras wiegt sich im Wind und bringt Bewegung ins Spiel. Beliebt sind die an die Flora nordamerikanischer Ebenen angelehnten Pflanzungen, weil sie leuchtende Blütenfarben einbringen, wenig Pflege brauchen und Trockenheit vertragen. Im Gegensatz zu herkömmlichen Wiesen enthalten Präriegärten mehr Blumen als Gras und sind oft sogar ganzjährig interessant, denn die Samenstände sehen im Winter von Raureif überzogen großartig aus.

## Alternativen zu Gras

Wer keine Lust hat, jede Woche den Rasenmäher herauszuholen, verzichtet auf Gräser, denn Bodendecker gibt es genug. Manche begeistern mit einem Teppich aus winzigen Blüten, andere mit Düften und dekorativem Laub.

*Abbildungen von oben links im Uhrzeigersinn*
**Flickenteppich** Diese Pflanzung erinnert an Felder aus der Vogelperspektive. Sie lebt von den Blöcken aus Bodendeckern in Silber, Goldgelb und Grüntönen, die sich zu einem Patchwork zusammentun. Eingefasst werden die »Flicken« von geschnittenen Buchsbaumhecken, die aber nicht nur als Trennlinie dienen, sondern auch die unterschiedlichen Texturen hervorheben.
**Lückenfüller** Bodendecker wie diese Bubiköpfchen lassen sich vortrefflich zum Begrünen von Lücken in befestigten Flächen, wie diesem Trittsteinweg, nutzen. Wählen Sie Arten, die sich bereitwillig ausbreiten und rasch einwachsen. Ideal sind Pflanzen, die duften, wenn man auf sie tritt – etwa Thymian, Römische Kamille oder Korsische Minze. Sie wirken rustikal und naturnah, mildern die harten Kanten von Wegen und gepflasterten Flächen ab und vermitteln den Eindruck, als sei der Garten schon recht alt.
**Kräuter als Kontrast** Diese Anlage ist eine zeitgemäße Interpretation des traditionellen Rasens aus Römischer Kamille. Moderne Materialien wurden in einem einfachen, aber auffälligen Muster verbaut. Die weißen Blöcke stehen in starkem Kontrast zum grünen Laub; alles wirkt sehr sauber und geometrisch abgezirkelt. Die Pflanze braucht aber durchlässige Böden und verträgt es nicht, wenn man zu viel auf ihr herumspaziert.
**Thymianrasen** Dieses Thymianbeet setzt sich aus mehreren Sorten zusammen, die zu Gruppen kombiniert wurden und einen vielfältigen Farbteppich bilden. Als Einfassung dient ein geschwungener Rand aus Backsteinen, der die ausbreitungsfreudigen Pflanzen im Zaum hält. Bienen fliegen Thymian sehr gern an, weshalb man während der Blüte nicht auf ihm herumgehen sollte. Das Kraut duftet zwar angenehm, wenn man darauftritt, verträgt aber nicht zu viel Belastung. Muss man ständig durch das Grün hindurch, sollte man einen Trittsteinweg verlegen.

# Säen, pflanzen, verlegen

Gute Vorbereitung ist der Schlüssel zum schönen Garten. In diesem Kapitel erfahren Sie, wie Sie Ihr eigenes Grün erfolgreich planen und gestalten. Machen Sie Ihre Rasenfläche zu einem eigenständigen Element in Ihrem Garten und optimieren Sie Problemzonen, etwa unter Bäumen, neben Begrenzungen oder an Böschungen, indem Sie sie mit Bodendeckern begrünen. Wichtig ist auch eine gute Analyse und Beurteilung der Fläche und des Erdreichs, um die passenden Pflanzen zu finden. Anschauliche Schritt-für-Schritt-Anleitungen zeigen Ihnen, wie Sie den Boden gründlich vorbereiten, Gras ansäen, Rollrasen verlegen und Bodendecker pflanzen.

# Rasenflächen planen und gestalten

Rasen ist oft das zentrale, größte Element eines Gartens. Überlegen Sie beim Anlegen eines Gartens gut, welche Größe und Form die Fläche haben soll. Von ihrem Verwendungszweck hängen Gestaltung und Grastyp ab.

**Raum für alle** Hier interagieren die einzelnen Gartenbereiche, grenzen sich aber gleichzeitig voneinander ab. Spielfläche, Sitzbereich und Pflaster werden zusammengehalten vom Rasen, der durch den Garten und in den befestigten Teil hineinfließt und auch die runde Mauer einfasst. Die Abgrenzung aus hohen Pflanzen schützt die Sitzecke vor Blicken und umherfliegenden Bällen.

# Gestaltungstipps

### Form und Design
In der ersten Planungsphase erstellt man zunächst eine grobe Skizze des Gartens. Wie soll der Rasen aussehen und in welcher Beziehung steht er zur restlichen Anlage? Soll er geometrisch-formal oder zwanglos-natürlich sein? Brauchen Sie Spielflächen und Sitzecken? Wie kann man die einzelnen Bereiche durch Wege oder Trittsteine miteinander verbinden? Seien Sie kreativ und scheuen Sie auch Wagnisse nicht – ein rechteckiger 08/15-Rasen mit einem Saum aus schmalen Blumenbeeten ist nicht unbedingt das Nonplusultra. Erst wenn Sie völlig zufrieden mit dem Entwurf auf dem Papier sind, sollten Sie anfangen, den Garten auch tatsächlich anzulegen.

### Randgestaltung
Gärten sehen größer und üppiger aus, wenn Blumenrabatten breit und großzügig angelegt sind. Keine Scheu vor Experimenten: Variieren Sie Tiefe und Form der Rabatten und lassen Sie ein ungewöhnliches Zusammenspiel zwischen Rasen und Rabatten zu. Wenn Beete hinter Ecken verschwinden, macht das Gärten umso interessanter.

### Zugänge
Wichtige Gartenelemente wie Schuppen oder Komposthaufen müssen gut zugänglich sein, doch werden Rasenflächen im Winter oft matschig und sind dann kaum noch betretbar. Tragen Sie dem Rechnung, indem Sie Wege bauen und Trittsteine verlegen: Sie sehen gut aus und verhindern schmutzige Schuhe.

### Blickpunkte
Mit Formschnittgehölzen, Statuen, Vogelbädern, Bögen, Wasserelementen und Sonnenuhren bringen Sie Abwechslung in Ihren Garten. Ähnliche Wirkung erzielt man mit Zierbäumen und farbenfrohen Pflanzengruppen. Blickfänge lenken das Auge, helfen große Grasflächen aufzulockern und schaffen Einheit.

# Boden- und Standortbestimmung

Vor dem Verlegen oder Aussäen von Rasen sollte man zuerst wissen, welche Bedingungen auf dem Grundstück herrschen. Stimmen Bodentyp, pH-Wert und Lichteinfall oder muss man korrigieren?

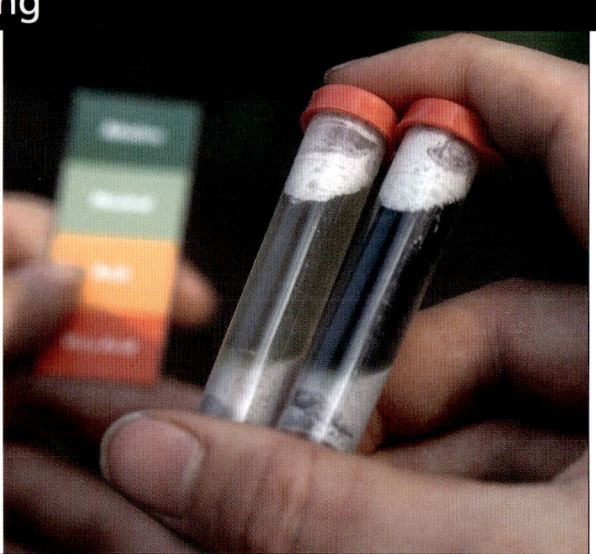

**pH-Wert messen** Die meisten Rasengräser wachsen zwar unter den verschiedensten Bedingungen, der Anteil der Grasarten im Rasen aber wird vom Boden-pH vorgegeben. Weidelgräser etwa gedeihen unter leicht alkalischen Bedingungen, Schwingel dagegen mögen es etwas saurer. Ein pH-Wert von 7 ist neutral, ein höherer alkalisch, ein niedrigerer sauer. Testsätze gibt es preiswert im Handel.

## Tonige Böden

Dieser Bodentyp ist nicht ganz unproblematisch, denn er kann recht undurchlässig sein. Das heißt, dass er im Sommer austrocknet und hart wird, im Winter dagegen zur klebrigen, schlammigen Masse mutiert. Allerdings hat Ton auch Vorteile: Er speichert Nährstoffe und muss deshalb kaum gedüngt werden. Rollen Sie eine Handvoll Erde zu einer Kugel. Wenn sie gut zusammenklebt und ihre Form teilweise behält, besteht sie zumindest teilweise aus Ton.

## Sandige Böden

Sandböden lassen sich leichter umarbeiten als Tonböden, denn sie sind ziemlich krümelig. Sie speichern jedoch Feuchtigkeit schlecht und verlieren durch Auswaschung schnell Nährstoffe. Im Sommer müssen sie daher gedüngt und gelegentlich gewässert werden, damit das Gras grün bleibt. Außerdem entstehen auf Sandböden leicht Unebenheiten. Maulwürfe mögen sandiges Erdreich ganz besonders gern.

## Böden verbessern

Die meisten Böden müssen verbessert werden, damit Gras auf ihnen optimal wächst. Das Einarbeiten von organischer Substanz, etwa von gut verrottetem Stallmist oder Kompost, verbessert die Durchlässigkeit von Ton- und die Struktur von Sandböden. Man gräbt den Boden dazu bis in eine Tiefe von 30 cm um. Leicht sauren Böden kann man Kalk hinzufügen, während man bei alkalischer Erde den pH-Wert mit schwefelsaurem Ammoniak senkt.

## Sonneneinstrahlung

Der Lichteinfall ist ein ganz wesentlicher Faktor bei der Planung einer Rasenfläche. Die meisten Grasarten brauchen sonnige, durchlässige Standorte und kümmern im Schatten von Häusern, Bäumen oder Begrenzungen. Ideal für Gräser ist ein Grundstück mit südlicher Ausrichtung, das den ganzen Tag in der Sonne liegt, auch wenn der Wasserbedarf dort am höchsten ist. Flächen mit östlicher Ausrichtung liegen in der kühleren Morgensonne, solche in westlicher Lage bekommen vorwiegend Nachmittagssonne ab. Am wenigsten Licht fällt auf Rasen in Nordlagen. Fotografieren Sie Ihr Grundstück zu verschiedenen Tageszeiten, um den Lichteinfall beurteilen zu können. Der Garten unten ist beispielsweise nach Nordwesten ausgerichtet. Wählen Sie notfalls Grasmischungen für schattige und feuchte Lagen.

Morgen | Mittag | Abend

## Geländekonturen

Die Neigung eines Geländes wirkt sich auf den Wuchs von Gräsern aus. In der Regel herrschen am Fuß eines Hangs feuchtere Bedingungen als weiter oben, weshalb man am Gipfel Arten mit geringerem Wasserbedarf säen sollte. Leichte Neigungen sind meist unproblematisch, doch steilere Böschungen werden bei Nässe rutschig und gefährlich, weshalb sich eventuell der Bau einer Treppe anbietet (*siehe rechts*). Mitunter lohnt es sich sogar, einen Hang in einzelne Terrassen zu unterteilen, sodass mehrere Ebenen, etwa eine Spielfläche für Kinder und ein Sitzbereich, entstehen. Sinnvoll ist eventuell auch ein Dränagesystem, denn Wasser, das den Hang hinunterläuft, sollte gesammelt und abgeleitet werden, damit es sich nicht staut.

# Vorbereitungen

Gesundes Gras oder kümmerndes Grün? Die Vorbereitung des Bodens kann über Wohl und Wehe eines Rasens entscheiden. Beginnen Sie damit mehrere Wochen vor dem Verlegen oder Säen, denn der Boden muss sich setzen.

## Säen

Aussaat ist die preiswerteste Methode, um einen Rasen anzulegen. Man bringt die Samen am besten im Frühherbst oder zur Frühjahrsmitte aus, denn im Sommer braucht man zu viel Wasser, um sie zum Keimen zu bringen. Sinnvoll ist es ferner, Netze gegen hungrige Vögel zu spannen. Das Angebot an Samenmischungen ist groß – es reicht von Rasen für schattige und feuchte Areale bis hin zu strapazierfähigem Gebrauchsrasen.

**Vorteile**
- Preiswerter lässt sich ein Rasen nicht anlegen.
- Die Auswahl an Samenmischungen für verschiedene Standorte ist groß.
- Aussäen ist einfacher als das Verlegen von Rollrasen.

**Nachteile**
- Es dauert eine Weile, bis eine dichte, belastbare Grasdecke entsteht.
- Manche Unkräuter keimen schneller als Grassamen und konkurrieren mit dem Gras um Nährstoffe und Licht.

## Rollrasen

Rollrasen ist beliebt, da er praktisch vom ersten Augenblick an »fertig« ist und obendrein fast das ganze Jahr über verlegt werden kann, wenngleich man natürlich zu kaltes oder heißes Wetter vermeiden sollte. Idealerweise verlegt man ihn sofort nach dem Liefern. Ist das nicht möglich, entrollt man die Soden, bewahrt sie im Schatten auf und gießt sie regelmäßig. Verlegt man Rollrasen, muss der Boden nicht so fein geharkt werden wie bei einer Aussaat.

**Vorteile**
- Eine dekorative Rasenfläche ist sofort vorhanden.
- Man kann die Fläche schon nach etwa einem Monat benutzen.
- Man kann sie dann verlegen, wenn man Zeit hat.

**Nachteile**
- Rollrasen ist teurer als Grassamen.
- Die Auswahl an Grassorten ist geringer.
- Das Verlegen ist harte Arbeit und nichts für Leute mit Rückenproblemen.

## Vorbereiten des Bodens

**1** Beginnen Sie einige Wochen vor der Aussaat oder dem Verlegen des Rasens mit der Vorbereitung des Bodens. Mit einer Grabegabel oder einem Spaten entfernen Sie Erdreich, Unkraut, Steine und graben bis in 30 cm Tiefe um.

**2** Den Boden ebnen Sie mit einem großen Rechen ein. Das ist bei kleinen Rasenflächen wichtig, auf großen, naturnah gestalteten Flächen kann man leichte Wellen auch lassen, da natürliche Konturen zu diesem Gartenstil passen.

**3** Nach dem Einebnen drücken Sie das Erdreich mit den Füßen oder einer leichten Walze fest, um große Lufteinschlüsse herauszupressen und zu verhindern, dass das Bodenniveau später zu sehr absackt.

**4** Lassen Sie den Boden einige Wochen setzen, dann harken Sie erneut, diesmal aber mit einem Rechen, der feine Zinken hat. Für die Aussaat muss die Oberfläche feinkrümeliger sein als für das Verlegen von Rollrasen. Unkräuter entfernen.

## Rasen ansäen

Das Anlegen eines Rasens durch Aussaat ist mit Abstand am preiswertesten. Ausgesät wird am besten im Frühjahr oder im Spätsommer. Im Hochsommer bräuchte man zu viel Wasser zum Feuchthalten der Saat, im Winter keimen die Samen zögerlich oder gar nicht.

# Rasen ansäen

**1** Bereiten Sie den Boden vor (*siehe S. 29*) und unterteilen Sie die Fläche mit Stäben oder Schnüren in 1 m große Quadrate. Die erforderliche Menge Grassamen errechnen Sie nach den Angaben auf der Verpackung.

**2** Bringen Sie das Saatgut von Hand aus. Die Hälfte der Samen streuen Sie der Länge nach, die andere Hälfte quer dazu. Verteilen Sie die Samen möglichst gleichmäßig auf dem Boden.

## Streuwagen

**3** Harken Sie die Samen vorsichtig in die Erde. Sie sollten mit nicht mehr als 1–2 mm Erde bedeckt sein und keimen auch, wenn sie auf der Oberfläche liegen. Wässern Sie mit feiner Brause. Das Gras keimt nach ein oder zwei Wochen.

Alternativ zur Handsaat kann man einen Streuwagen verwenden. Er bringt Vorteile auf großen Flächen. Die Verteildichte des auszubringenden Saatguts lässt sich einstellen. Eine saubere Kante bekommt man, indem man den Rand mit einer Folie abdeckt.

## Rollrasen verlegen

Der Vorteil von Rollrasen: Man hat sofort eine grüne Fläche. Die Soden können fast das ganze Jahr über verlegt werden, müssen aber im Frühjahr und Sommer regelmäßig gewässert werden. Rollrasen kommt zwar teurer als Aussaat, doch ist er nach wenigen Tagen begehbar.

**Tipp**

Verlegen Sie den Rollrasen über den Rand hinaus, um ihn später zurechtzuschneiden. Kleinere Sodenstücke sollten nicht an den Rand kommen, damit sie nicht austrocknen.

Rollrasen verlegen 33

**1** Bereiten Sie den Boden gut vor und rechen Sie eben (*siehe S. 29*). Entrollen Sie die Soden, die Sie dann mit dem Rücken eines Rechens festdrücken. Die erste Rolle liegt nach Möglichkeit entlang einer geraden Kante, etwa eines Wegs.

**2** Die Kanten jeder Bahn müssen eng aneinander anliegen und gut festgedrückt werden, damit sie nicht austrocknen. Verlegen Sie Bahnen versetzt zueinander – dadurch entsteht eine robustere Grasfläche.

**3** Nach dem Verlegen der Soden kehren Sie gute Gartenerde mit einem Besen in die Ritzen. Auf der Rasenfläche darf keine Erde liegen bleiben. Stehen Sie dabei auf einem Holzbrett, um nicht auf den frisch verlegten Rasen zu treten.

**4** Wässern Sie den Rasen in den Tagen nach dem Verlegen gut, damit die Wurzeln in die Erde eindringen und das Gras gut anwächst. Ist es eingewurzelt, kann man mit möglichst hoher Einstellung mähen.

# Rasenflächen formen

Man verändert das ganze Gesicht eines Gartens, wenn man eine rechteckige Rasenfläche in eine geschwungene oder runde verwandelt. Mitunter bekommt man dadurch sogar mehr Platz für Pflanzen oder Bodenbeläge (*hier Splitt*).

**1** Bevor man mit der Arbeit beginnt, sollte man sich Zeit nehmen, die neue Form des Rasens auszumessen und zu markieren. Skizzieren Sie den Entwurf auf Papier, messen Sie die Fläche ab, übertragen Sie exakte Maße auf den Plan.

**2** In der Mitte des späteren runden Rasenstücks schlagen Sie einen Pflock ein. Befestigen Sie einen Faden daran, den Sie straff spannen, um einen Kreis von der gewünschten Größe abzuzirkeln. Markieren Sie den Umriss mit Sand oder Spray.

**3** Entlang der Sandmarkierung stechen Sie mit einem Rasenkantenstecher den Umriss bis in eine Tiefe von 3–4 cm ab. Prüfen Sie gelegentlich, ob der Kreis wirklich gleichmäßig rund wird.

**4** Schieben Sie einen Spaten unter die zu entfernenden Rasensoden, um die Wurzeln vom Boden zu trennen. Heben Sie die Soden behutsam hoch. Sie kommen umgedreht auf den Komposthaufen, damit sie sich zersetzen.

Rasenflächen formen

**5** Eine robuste, aber biegsame Einfassung legen Sie fest um den äußeren Rand des Kreises bzw. die geschwungene Kante. Sie wird so weit in den Boden gedrückt, dass sie nicht mehr über die Rasenoberfläche hinausragt.

**6** Streuen Sie Schiefersplitt, Kies oder Rindenschnipsel auf die nackte Erde, von der die Soden entfernt wurden. Sie dürfen nicht höher als die Rasenfläche sein, damit sie nicht vom Mäher erfasst werden. Sie können hier auch etwas pflanzen.

**7** Wässern Sie den Rasen bei Bedarf an den exponierten Rändern, bis er eingewachsen ist. Auf die gleiche Weise zieht man gerade Kanten, doch verwendet man dann eine gespannte Schnur, um gerade Linien zu erzielen.

# Wiesen anlegen

Kein Garten ist zu klein für eine Blumenwiese. Selbst in Blumenbeeten oder Töpfen kann man sie anlegen.

Besondere Wirkung erzielt ein Wiesenbewuchs, wenn er scharf umrissen zwischen gemähten Rasenflächen steht.

**Blickfang oder Kulisse** Bei der Anlage einer Blumenwiese sollte man sich überlegen, wie sie sich auf den übrigen Garten auswirkt und ob sie sich nicht zum Unterstreichen bestimmter Bereiche einsetzen lässt. Kleinere Wildblumenkolonien können als Blickfang dienen oder das Auge zu anderen Elementen wie Sitzgelegenheiten und dem weißen Stamm einer Birke lenken.

**Formen, Wege, Einfassungen** Einzelne Wiesenblöcke sind ein Hingucker, vor allem, wenn man sie als Akzentuierung geometrischer Anlagen einsetzt. Besonders ins Auge fallen sie als klar umrissene Blöcke, die in den Rasen hineingemäht werden und in krassem Gegensatz zu ihrer naturnahen Zusammensetzung stehen. In größeren Gärten bildet ein gemähter Weg durch eine Blumenwiese ein ansprechendes Element, das Besucher anzieht und zu einem Spaziergang durch das Blütenmeer verleitet.

**Schutzzone für Tiere** Zahlreiche Tierarten profitieren von längerem Gras und der bunten Pflanzenmischung einer Blumenwiese. Bienen und Schmetterlinge fliegen nektarreiche Blüten an, Igel, Mäuse und Vögel finden ein Versteck zwischen den Halmen.

## Standortbestimmung

Ideal für das Anlegen einer Wiese ist eine grasbewachsene Fläche, die man sich selbst überlassen kann, sodass die Gräser hochwachsen, und die noch dazu eine bestehende Population einheimischer, mehrjähriger Wildblumen ohne ausbreitungsfreudige Unkräuter enthält. Leider sind solche perfekten Wiesenflächen selten, weshalb man zumindest einige Pflanzen einbringen muss.

**Nährstoffreichtum** Als Faustregel gilt: Eine Blumenwiese braucht nährstoffarme, magere Böden. Karges Erdreich verhindert außerdem, dass robustere Gräser wie das Wollige Honiggras und Weidelgras die Blumen verdrängen. Wachsen auf der vorgesehenen Fläche Brennnesseln und Ampfer, zeigt das an, dass der Boden viele Nährstoffe enthält und abgemagert werden muss. Gleiches gilt auch für Böden, die jahrelang mit Dünger und organischer Substanz versorgt wurden. Man macht ein solches nährstoffreiches Gelände wiesentauglich, indem man entweder eine 10–15 cm dicke Schicht Oberboden abträgt, um den kargen Unterboden freizulegen, was aber nur auf kleinen Flächen machbar ist, oder im Frühherbst den Kleinen Klappertopf (*Rhinanthus minor*) in die bestehende Wiese sät. Dieser Halbparasit heftet sich an die Wurzeln von Gräsern und mindert ihre Wuchskraft.

**Durchlässigkeit** Überschüssige Feuchtigkeit kann die Bodenfruchtbarkeit erhöhen. Auf feuchten Böden wird der Wasserabzug durch Einarbeiten von Sand oder feinem Kies verbessert. Auf großen Flächen ist es praktikabler, feuchtigkeitsliebende Arten wie Schachblumen einzusäen, die von Natur aus auf feuchten Wiesen wachsen.

**Mehrjährige Unkräuter** Vor dem Ansäen einer Blumenwiese müssen mehrjährige Unkräuter wie Nesseln und Disteln gejätet werden. Ihre spätere Bekämpfung kann schwierig sein, man wird sie kaum wieder los.

**Böden abmagern** Auf kleinen Flächen entfernt man eine Schicht nährstoffreichen Oberboden und verteilt ihn an anderer Stelle im Garten.

**Sonniger Platz** Die meisten Wildblumen gedeihen in sonnigen Lagen wie an diesem Südhang. Gerade an schwer zu mähenden Böschungen sind sie ideale Bodendecker.

# Wiesen ansäen

Am einfachsten legt man eine Blumenwiese an, indem man das Saatgut direkt auf die nackte Erde streut. Manchmal muss man aber vorher Oberboden abtragen, da auf zu nährstoffreichem Erdreich wüchsige Gräser die Blumen verdrängen.

**1** Messen Sie Samen entsprechend der auf der Verpackung empfohlenen Aussaatdichte ab. Mischen Sie kleinkörniges Saatgut mit Sand, damit man nach dem Ausbringen auf der Erde sieht, wo bereits gesät wurde.

**2** Graben Sie die vorgesehene Fläche gründlich um (*siehe S. 29*). Unterteilen Sie die Fläche in quadratmetergroße Stücke. Eine Hälfte der Samen säen Sie zuerst in einer Richtung, dann die zweite Hälfte quer dazu aus.

**3** Die Samen rechen Sie mit einem Fächerbesen behutsam in die Erde ein. Zum Keimen brauchen sie nur ganz leicht mit Erde bedeckt zu sein. Decken Sie die Fläche evtl. mit einem Netz ab, damit Vögel die Körnchen nicht aufpicken können.

**4** Werden die Samen regelmäßig gewässert, keimen sie bald und wachsen zu einer bunten Blumenwiese heran. Sie muss am Sommerende gemäht werden. Entfernen Sie das Mähgut erst, wenn die Samen ausgefallen sind.

## Kahle Stellen ansäen

Bestehende Blumenwiesen bekommen mit der Zeit oft kahle Stellen, denn Teile können absterben, die Selbstaussaat schlägt fehl. In solchen Fällen sät man mit Gras- oder Blumensamen nach. Das ist besonders auf großen Flächen sinnvoll, wo das Setzen von gekauften Jungpflanzen ganz schön ins Geld gehen würde.

1 Kürzen Sie an kahlen Stellen, die Sie neu einsäen wollen, das Gras mit einem Sichelmäher. Mähen Sie zunächst mit hoher Einstellung, dann mit niedriger, bis die kahle Erde sichtbar wird.

2 Harken Sie die Erde grob mit einem Rechen, um eine feinkrümelige Oberfläche zu erreichen. Mehrjährige Unkräuter wie Nesseln oder Ampfer entfernen Sie, achten Sie darauf, das gesamte Wurzelwerk herauszuholen.

3 Ermitteln Sie die erforderliche Saatgutmenge, die Sie abmessen und auf der kahlen Stelle aussäen. Arbeiten Sie die Samen mit einem Fächerbesen leicht in das Erdreich ein. Gehen Sie auf weiteren kahlen Stellen ebenso vor.

4 Einjährige Arten blühen nach wenigen Wochen, mehrjährige wie *Verbena bonariensis* (*Bild*) oft erst in den Folgejahren. Schneiden Sie die Pflanzen nach der Blüte ab. Entfernen Sie das Schnittgut, damit der Boden mager bleibt.

# Bodendecker verwenden

Mit Bodendeckern lassen sich schwer zu bepflanzende Stellen, die ansonsten nackt bleiben würden oder befestigt werden müssten, gut begrünen. Wählen Sie die Arten je nach Laub, Blütenschmuck oder ihrem Duft aus.

**Lücken füllen** Viele Bodendecker eignen sich bestens dafür, Leben und Farbe in Lücken zwischen Platten bzw. Trittsteine zu bringen, wo sich sonst Unkraut ansiedeln würde. Viele Pflanzen sind robust genug, um ein paar Tritte wegzustecken, etwa Römische Kamille und Thymian.

**Böschungen** Wegen der Neigung des Terrains lassen sich Böschungen und steile Abhänge nur schwer oder gar nicht mähen. Solche Flächen, die dicht begrünt werden, aber nur wenig Arbeit machen sollen, bepflanzt man am besten mit Bodendeckern.

**Unter Bäumen** Viele Rasengräser gedeihen an schattigen Stellen unter Baumkronen nicht so recht. Für solche dunklen Flächen gibt es etliche dekorative, schattenliebende Bodendecker, die an solchen Standorten gut wachsen. Dazu gehören Farne und Efeu.

**Fetthennen** Manche als Bodendecker eingestufte Pflanzen lassen sich auch auf Flächen ohne Kontakt zum Boden einsetzen, etwa auf Dächern. Fetthennen beispielsweise fühlen sich in solchen trockenen, exponierten – und daher alles andere als günstigen – Lebensräumen wohl.

## Planung und Pflanzung

Wählen Sie Bodendecker, die sich für den jeweiligen Standort eignen. Ginster und Katzenminze etwa gedeihen an heißen, trockenen Standorten, während Christrosen, Funkien und Fleischbeeren feuchten Schatten bevorzugen (*siehe S. 130–137*). Einige Asketen kommen sogar mit ausgelaugtem, verdichtetem Erdreich zurecht, die meisten aber sind für eine gewisse Bodenvorbereitung vor dem Auspflanzen dankbar. Jäten Sie das Areal gut, graben Sie es gründlich um und arbeiten Sie reichlich organische Substanz wie Kompost ein. Anschließend wird die Oberfläche eben gerecht. Arrangieren Sie nun die einzelnen Gewächse in den Pflanzabständen, die auf den Etiketten angegeben sind (*siehe rechts*). Vorsicht: Manche Pflanzen sehen im Topf klein und unscheinbar aus, sind aber äußerst wüchsig und ausbreitungsfreudig.

Dichte Bodendecker eignen sich oft bestens zur Unterdrückung von Unkraut – aber nicht, solange sie noch jung und klein sind. Damit nicht ständig gejätet werden muss, kann man vor dem Pflanzen Bändchengewebe ausbreiten und die einzelnen Exemplare durch Schlitze in der Folie setzen. Allerdings behindert die Folie auch Bodendecker wie Efeu, deren kriechende Triebe einwurzeln sollen.

## Pflanztipps

**Kies einarbeiten** Schwere Böden, z. B. solche mit hohem Tonanteil, profitieren davon, dass man pro Quadratmeter einen Eimer Kies einarbeitet, um den Wasserabzug zu verbessern.

**Pflanzung** Den meisten Bodendeckern, allen voran Sträuchern, tut es gut, wenn man ihre Wurzeln vor dem Einpflanzen etwas lockert, damit sie nach außen wachsen können.

**Absenken** Pflanzen wie Efeu breiten sich aus, indem sie bei Bodenberührung neue Wurzeln bilden. Das kann man fördern, indem man ihre Triebe am Erdreich festklammert.

# Den Rasen verschönern

Viele halten den Rasen für das hervorstechendste Gartenelement. Daher sollte man ihn so dekorativ wie möglich gestalten. Die Schritt-für-Schritt-Anleitungen in diesem Kapitel zeigen Ihnen, wie Sie Ihre Grünfläche zu etwas Besonderem machen: Säumen Sie den Rasen zum Beispiel mit verschiedensten Materialien oder erleichtern Sie sich das Mähen mit einer Einfassung aus Ziegelsteinen. Zwiebelblumen fügen im Frühjahr oder im Herbst Farbtupfer in die Grasfläche ein, ein Ziergehölz sorgt für einen Blickpunkt, bringt Höhe und Leben mit ins Spiel, gepflanzte Kamille dient als duftende Alternative zu Gräsern. Und wenn Ihnen das ständige Mähen zu viel wird: Hier erfahren Sie sogar, wie man Kunstrasen verlegt.

# Einfassungen

Ein Rasen braucht nicht unbedingt eine Einfassung, doch grenzt ein Rand die Grasfläche klarer ab und macht das ständige Pflegen von Rasenkanten überflüssig.

**Tipp**

Einfassungen aus Holz müssen 24 Stunden vor dem Einsetzen ins Erdreich lasiert oder mit Holzschutzmittel behandelt werden, damit sie nicht faulen.

Einfassungen 45

**1** Spannen Sie eine Schnur entlang der einzufassenden Linie und stechen Sie mit einem Rasenkantenstecher eine rund 7 cm tiefe Rille in den Rasen. Die Rille müssen Sie gegebenenfalls etwas verbreitern, damit das Holz Platz hat.

**2** Die Einfassungen stellen Sie in die Rille, sie werden mit einem Fäustel oder Gummihammer vorsichtig hineingeklopft. Legen Sie ein Stück Holz zwischen Hammer und Einfassung, um eine Beschädigung der Oberkante zu verhindern.

## Alternativen

**Ziegelsaum** Flach verlegte Ziegelsteine fassen Rasenflächen sauber ein. Sie eignen sich für geometrische wie naturnahe Flächen. Legt man sie etwas tiefer als die Bodenoberfläche, sind sie ein guter Mährand (siehe S. 46–47).

**Zickzackrand** Eine attraktive, rustikale Einfassung von Rasenflächen sind schräg gestellte Ziegelsteine. Sie werden diagonal in die Erde gesteckt, sodass sie etwa zur Hälfte herausragen.

**Nostalgische Einfassung** Diese formale Begrenzung aus Stein eignet sich besonders für eingewachsene Gärten alter Villen. Sie sind auch aus Terrakotta gefertigt beliebt und sollten zum Stil des Gebäudes passen.

## Mähränder anlegen

Rasen sollte nicht bis direkt an Mauern und andere Begrenzungen anstoßen, da das Mähen sonst schwierig wird und man nur noch mit Trimmern arbeiten kann. Eine Reihe Ziegel als Rand vereinfacht das Mähen.

**Tipp**

Beim Anlegen eines geschwungenen Rands markiert man den Verlauf vor dem Einsetzen der Ziegel mit einem Gartenschlauch oder einer Spur Sand. Die äußeren Ziegelsteine müssen in größeren Abständen verlegt werden.

Mähränder anlegen 47

**1** Mit einem Ziegelstein legen Sie die Breite des Mährands fest und markieren die Kante mit einer an Pflöcken gespannten Schnur. Entlang der Schnur stechen Sie mit einem Kantenstecher oder Spaten eine Rille in den Rasen.

**2** Den Spaten stechen Sie unter die Grasnarbe und heben die Sode hoch; dabei führen Sie den Spaten so waagerecht wie möglich. Die Soden können entweder an anderer Stelle wieder verlegt oder kompostiert werden.

**3** Mischen Sie Mörtel mit Wasser aus drei Teilen Sand und einem Teil Zement an, verteilen Sie eine dünne Lage auf dem Boden des Grabens. Den Ziegel legen Sie darauf und klopfen ihn mit einem Gummihammer exakt eben und bündig.

**4** Mischen Sie eine weitere Mörtelmischung aus den gleichen Anteilen, diesmal ohne Wasser, die Sie mit einer Kelle oder Bürste in die Lücken zwischen den Ziegeln schieben. Anschließend Lücken mit einer Gießkanne anfeuchten.

## Trittsteine verlegen

Trittsteine können in Rasenflächen sehr dekorativ wirken, sie sind schnell geplant und verlegt. Sie verhindern, dass Schuhe im Winter oder bei Nässe schmutzig werden und das Gras leidet, wenn man zu oft darübergeht.

**Tipp**

Verlegen Sie die Trittsteine etwa 5 mm tiefer als die Rasenoberfläche, damit man darübermähen kann, ohne dass die Schneidmesser des Rasenmähers Schaden nehmen.

Trittsteine verlegen

**1** Messen Sie die Schrittlänge, um die Menge der benötigten Trittsteine zu berechnen. Legen Sie Steine lose auf den Rasen, überprüfen Sie die Abstände. Liegen sie richtig, schneiden Sie mit einem Messer ihre Konturen in das Gras.

**2** Entfernen Sie das Rasenquadrat ganz, indem Sie mit einem Spaten unter die Sode stechen und sie hochheben. Mit einer Kelle heben Sie etwas Boden aus, sodass das Loch 2–3 cm tiefer ist als der Trittstein hoch.

**3** Mit der Kelle geben Sie eine 1 cm dicke Sandschicht auf den Grund des Lochs, ebnen Sie den Sand ein und verdichten Sie ihn. Das verhindert ein späteres Einsinken des Trittsteins nach dem Verlegen.

**4** Mischen Sie Mörtel aus einem Teil Zement und vier Teilen Sand. Geben Sie Wasser hinzu, bis der Mörtel zähflüssig ist. Geben Sie Mörtel in das Loch. Der Trittstein muss eben, aber etwas tiefer als die Rasenoberfläche liegen.

# Wiesenblumen pflanzen

Eine Blumenwiese lässt sich schon allein dadurch anlegen, dass man einzelne Wiesenblumen in einen bestehenden Rasen setzt. Die Blumen werden aus Samen gezogen und ausgepflanzt oder man kauft sie im Gartencenter.

**1** Mähen Sie das Gras vor dem Pflanzen kurz, rechen Sie den Schnitt zusammen. Legen Sie Pflänzchen wahllos auf den Rasen, damit sich eine natürliche Verteilung ergibt. Pflanzen Sie nicht in Reihen oder symmetrischer Anordnung.

**2** Stechen Sie dort Löcher in die Fläche, wo eine Blütenpflanze eingesetzt werden soll. Jede Pflanze stecken Sie in ein Loch und drücken sie mit den Fingern fest. Bei größeren Flächen kann sich die Anschaffung eines Pflanzstechers lohnen.

**3** Auf diese Weise verteilen Sie Blütenpflanzen gleichmäßig über der ganzen Fläche. Sobald alle Pflänzchen eingepflanzt sind, gießen Sie gut. Eine Weile sollten Sie frisch bepflanzte Rasenflächen nicht betreten.

**4** Düngen Sie den Rasen nicht mehr, da die Gräser sonst die Wiesenblumen verdrängen. Das Gras wird erst wieder gemäht, wenn die Blumen verblüht sind und Samen angesetzt haben, damit sie sich aussäen können.

Wiesenblumen pflanzen 51

## Empfehlenswerte Blumen

Für Blumenwiesen eignen sich viele Pflanzen. Neben den hier vorgeschlagenen Arten kann man auch Gräser wie *Cynosurus cristatus* (Wiesen-Kammgras), *Deschampsia cespitosa* (Rasen-Schmiele) und *Agrostis capillaris* (Rotes Straußgras) verwenden. Zwiebelblumen wie Traubenhyazinthen und Krokusse blühen im Frühjahr, Prärielilien im Mai und Herbst-Zeitlosen im September, sodass über Monate hinweg Blütenpracht garantiert ist.

*Pilosella aurantiaca* (Orangerotes Habichtskraut)

*Knautia arvensis* (Wiesen-Witwenblume)

*Geranium pratense* (Wiesen-Storchschnabel)

*Primula veris* (Echte Schlüsselblume)

*Silene dioica* (Rote Lichtnelke)

*Leucanthemum vulgare* (Magerwiesen-Margerite)

*Prunella vulgaris* (Gewöhnliche Braunelle)

*Achillea millefolium* (Wiesen-Schafgarbe)

## Bäume in Rasenflächen pflanzen

Bäume verleihen einem Garten Höhe und Farbe. Besondere Wirkung entfalten sie in schön gemähten Rasenflächen. Wählen Sie Gehölze, die mehrmals im Jahr etwas zu bieten haben, etwa Blüten im Frühjahr, Beeren im Spätsommer, Laub in schönen Herbstfarben und dekorative Borke im Winter.

Bäume in Rasenflächen pflanzen 53

1. Wässern Sie vor dem Einpflanzen den Baum gut. Im Topf kultivierte Pflanzen sind ganzjährig erhältlich, manche Gehölze aber kann man auch wurzelnackt kaufen – sie werden im Herbst oder Winter gesetzt.

2. Heben Sie eine Pflanzgrube aus, die doppelt so breit wie der Ballen ist, aber nur so tief wie dieser hoch. Lockern Sie das Erdreich am Boden der Grube nicht, damit der Baum nach dem Einpflanzen nicht absackt.

3. Stellen Sie den Baum in die Grube, prüfen Sie mit einem Stab, ob die Oberfläche des Ballens exakt mit der Erdoberfläche der Umgebung abschließt. Notfalls ausgleichen: Sitzt der Ballen zu tief, müssen Sie unten etwas Erde einbringen.

## Bäume in Rasenflächen pflanzen *Fortsetzung*

**4** Mischen Sie Aushub aus der Grube mit verrottetem Dung. Topfen Sie den Baum aus, lockern Sie die äußeren Wurzeln. Wässern Sie das Pflanzloch gut, bevor Sie den Baum hineinstellen. Erde seitlich einfüllen und immer wieder wässern.

**5** Schlagen Sie auf der Seite, die der Hauptwindrichtung zugewandt ist, einen Pfosten im 45°-Winkel zum Baum in die Erde. Verletzen Sie dabei aber die Wurzeln nicht. Befestigen Sie den Stamm mit einem Baumbinder.

**6** Mulchen Sie den Bereich um den Baum herum mit gut verrottetem Stallmist oder hochwertigem Kompost – die Schicht unterdrückt Unkraut und speichert Feuchtigkeit. Halten Sie den Stamm aber frei, damit er nicht fault.

**7** Schlämmen Sie den Wurzelraum gründlich mit Wasser ein. Junge Bäume müssen in den ersten Monaten alle paar Tage gegossen werden, vor allem im Frühjahr und Sommer, bis sie gut eingewachsen sind.

## Bäume stützen

**Doppelstütze** Diese Methode eignet sich für kopflastige Bäume bzw. Hochstämme, die an windigen Standorten umfallen oder unterhalb der Krone knicken könnten. Man bindet den Baum mit elastischen Bändern an, sodass er Bewegungsspielraum hat, aber nicht umfallen kann.

**Aufrechter Pfosten** Senkrechte Pfosten eignen sich nur für wurzelnackte Bäume, denn bei Topfpflanzen bekommt man die Stütze wegen des Wurzelballens nicht nah genug an den Stamm. Der Pfosten muss vor dem Pflanzen eingeschlagen werden, um Schäden an Wurzeln zu vermeiden.

**Spannleinen** Ältere Bäume, die frisch umgepflanzt wurden, stützt man am besten mit einem System aus Spannleinen, die hoch oben am Stamm befestigt werden. Sie brauchen aber viel Platz. Vorsicht: Nicht über die Leinen stolpern.

## Zwiebelblumen verwildern lassen

Verwilderte Zwiebelblumen statten Rasenflächen mit strahlenden Farbtupfern aus. Die meisten blühen im Frühjahr, etwa Narzissen oder Hasenglöckchen, aber bei guter Planung kann man viele Monate lang Blüten genießen.

**1** Für eine natürliche Verteilung werfen Sie Zwiebeln auf den Rasen und pflanzen Sie sie dort ein, wo sie landen. Mit einem Zwiebelpflanzer stechen Sie ein Stück Erde aus. Setzen Sie Zwiebeln zwei- bis dreimal so tief, wie sie hoch sind.

**2** Die Zwiebeln legen Sie mit der Spitze nach oben auf den Grund des ausgestochenen Lochs. In wenig durchlässigen Böden füllen Sie unten Splitt oder Sand ein. Geben Sie Erde ins Loch und setzen das ausgestochene Rasenstück ein.

**3** Nach dem Verblühen der Zwiebelblumen zwicken Sie die Blüten ab und lassen das Laub ein paar Wochen stehen, bis es vergilbt, damit die Zwiebel einziehen kann. Dann mähen Sie das welke Laub und walzen den Rasen leicht.

Zwiebelblumen verwildern lassen 57

Zwiebeln lassen sich auch einbringen, indem man sie gruppenweise unter zurückgeklappte Rasensoden legt. Diese Methode lohnt sich vor allem, wenn man viele Zwiebeln hat oder kleine, die nah beieinander wachsen sollen.

**1** Mit einem Kantenstecher oder Spaten stechen Sie ein »H« in den Rasen. Lösen Sie die Klappen, um sie behutsam zurückzuschlagen. Lockern Sie die Erde etwas; bei wenig durchlässigen Böden streuen Sie etwas Sand oder Splitt.

**2** Die Zwiebeln verteilen Sie möglichst natürlich auf der blanken Erde. Sie werden in der erforderlichen Tiefe gesetzt (meist das Zwei- bis Dreifache der Zwiebelhöhe). Die Spitze der Zwiebeln muss nach oben zeigen.

**3** Nach dem Setzen der Zwiebeln klappen Sie die Soden wieder zurück und drücken sie mit umgedrehten Rechen fest. Achten Sie darauf, dass die Fläche mit der übrigen Rasenfläche eben abschließt. Gießen Sie gut.

**4** Während die Zwiebelblumen blühen, mähen Sie um die Gruppen herum. Einzelne Inseln aus Blüten zwischen ungemähtem Gras bilden einen reizvollen Kontrast zum sauber geschnittenen Rasen in ihrer Umgebung.

## Schneeglöckchen unter Bäumen pflanzen

Die zarten weißen, nickenden Blüten der Schneeglöckchen sind ein herzerwärmender Anblick, denn sie verkünden: Der Frühling naht! Da sie schattige, feuchte Standorte bevorzugen, sind sie die ideale Unterpflanzung von Bäumen.

## Schneeglöckchen unter Bäumen pflanzen

**1** Schneeglöckchen werden am besten grün aufgenommen und geteilt, also während oder kurz nach der Blüte, wenn sie noch Blätter tragen. Zum Ausgraben verwenden Sie eine Handgabel oder -schaufel, verletzen Sie die Zwiebeln nicht.

**2** Zupfen Sie die Zwiebelhorste vorsichtig auseinander. Bei noch blühenden Pflanzen zwicken Sie die Blüten ab, damit die Zwiebel nicht unnütz Energie vergeudet. Größere Horste teilen Sie in Gruppen mit drei oder vier Zwiebeln.

**3** Mit einer Handschaufel oder einem Spaten heben Sie ein 10–15 cm tiefes Loch aus, am besten unter einer Baumkrone oder in lichtem Schatten. Mischen Sie in schweren und undurchlässigen Böden etwas Splitt oder Sand unter.

**4** Beim Einpflanzen sollen die Blätter größtenteils aus der Erde ragen. Füllen Sie um die Zwiebeln Erde ein, die Sie gut festdrücken und gießen. Im ersten Jahr soll das Laub absterben. Später kann man nach dem Einziehen der Blätter mähen.

# Ein Rasen aus Römischer Kamille

Römische Kamille ist eine niedrige, kriechende Staude, die dicht gepflanzt einen dichten Teppich aus dunkelgrünem Laub bildet. Beim Darauftreten duftet sie zart. Ein Rasen lässt sich daraus leicht anlegen. Weil die Pflanze schnell wächst, hat man bald eine geschlossene Decke.

**Tipp**

Für Rasen eignet sich jede Sorte, am empfehlenswertesten aber ist die nicht blühende Form 'Treneague'. Römische Kamille ist nicht so belastbar wie Gras, man sollte nicht zu viel darauftreten.

# Ein Rasen aus Römischer Kamille

**1** Bereiten Sie den Boden gründlich vor. In schweres, undurchlässiges Erdreich arbeiten Sie Sand oder Splitt ein, entfernen Sie alle Unkräuter. Teilen Sie die Pflanzen und achten Sie darauf, dass jedes Stück genug Wurzeln hat.

**2** Römische Kamille wächst rasch und breitet sich kriechend aus. Deshalb muss jede Pflanze genug Platz haben. Legen Sie die Pflänzchen in 8–15 cm Abstand aus, setzen Sie sie ein und drücken die Ballen mit den Fingern gut fest.

## Ebenfalls empfehlenswert

**3** Nach dem Einsetzen gießen Sie die Pflanzen gut an. Während der Sommermonate wässern Sie regelmäßig, um ein Austrocknen zu verhindern. Betreten Sie die Fläche drei Monate lang nicht, damit der Rasen gut einwachsen kann.

Anstelle von Römischer Kamille kann auch Thymian gepflanzt werden. Er wächst ähnlich niedrig und duftet beim Betreten aromatisch. Seine rosa Blüten werden gern von Bienen und Schmetterlingen angeflogen. Die Pflanzen müssen im Spätsommer ein wenig geschnitten werden.

## Kunstrasen verlegen

Kunstrasen mag nicht jedermanns Sache sein, ist in den letzten Jahren aber immer beliebter geworden. Und das nicht ohne Grund: Er braucht kaum Pflege, ist ganzjährig grün und in den verschiedensten Texturen und Tönen erhältlich.

**Tipp**

Wenn man beim Auslegen einer größeren Fläche zwei Bahnen verbinden muss, trägt man auf die Fläche unter der Kante Klebstoff auf, damit sich die Kanten nicht verschieben.

# Kunstrasen verlegen

**1** Bestehenden Rasen entfernen Sie mit einem Spaten oder Rasenstecher. Dann tragen Sie Boden bis in etwa 4–6 cm Tiefe ab. Der Kunstrasen muss etwa 15 mm über der Einfassung liegen.

**2** Damit Unkraut nicht durch den Kunstrasen wächst und ihn verzieht oder uneben werden lässt, verlegen Sie Unkrautfolie über der Fläche, die Sie mit einem Teppichmesser zurechtschneiden.

**3** Eine dünne Mischung aus Sand, Kies und Schotter wird aufgetragen und gut zu einer stabilen Unterlage verdichtet. Sie dient als fester, wasserdurchlässiger Unterbau für die weiteren Schichten.

**4** Auf den Unterbau wird eine 1–2 cm dicke Sandschicht aufgetragen, damit eine ebene Fläche entsteht. Verdichten Sie den Sand und ebnen Sie ihn mit einer Latte oder einer Glättbohle ein.

## Kunstrasen verlegen *Fortsetzung*

**5** Wenn Sie wollen, können Sie eine Lage polsterndes Material verlegen. Sie ist kein Muss, macht den Kunstrasen aber weicher. Richten Sie die Folie an einer Kante aus, schneiden Sie dann die Auflage mit einem Teppichmesser zurecht.

**6** Manche Kunstrasenbahnen werden mit einem grasfreien Saum geliefert. Diesen Saum schneiden Sie mithilfe einer Latte oder Wasserwaage und einem Brett als Unterlage ab, um den Kunstrasen nicht zu beschädigen.

**7** Die Kunstrasenbahn richten Sie nach Möglichkeit an einer geraden Kante oder einer Ecke aus. Drücken Sie die Bahn fest in die Ecke, damit sie gut aufliegt und sich später nicht verzieht.

**8** Nachdem der Rasen verlegt und die Fläche ganz bedeckt ist, muss er zugeschnitten werden. Mit einem Teppichmesser schneiden Sie entlang der Kanten. Eine Wasserwaage dient als Führung, falls die Pflasterkante nicht sichtbar ist.

Kunstrasen verlegen *Fortsetzung*

**9** Sobald die Bahnen die passende Form und Größe haben, werden sie festgenagelt. Zunächst fixieren Sie jede Ecke, dann schlagen Sie alle 30–40 cm Nägel entlang des Rands ein. Bei vertikalen Flächen arbeiten Sie mit Klebstoff.

**10** Mit einem Streuwagen tragen Sie eine gleichmäßig dünne Lage Quarzsand direkt auf die Oberfläche des Kunstrasens auf. Dies trägt dazu bei, ihn zu stabilisieren, und verhindert, dass er sich verzieht.

**11** Kehren Sie den Sand mit einem groben Besen ein. Kunstrasen braucht kaum Pflege, falls die Halme mit der Zeit flach gedrückt werden, bürstet man sie mit einem Besen wieder hoch. Reinigen kann man mit warmer Seifenlauge.

# Pflanzvorschläge

In diesem Kapitel finden Sie einige überaus schöne Pflanzarrangements. Sie sind leicht umzusetzen und lassen sich an jeden Garten anpassen, ganz gleich, welche Größe er hat und in welchem Stil er gehalten ist. Die Symbole unter den Bildern geben Auskunft über die bevorzugten Wachstumsbedingungen der Pflanzen.

## *Erklärung der Symbole*

- ♛ Ausgezeichnet mit dem »Award of Garden Merit« der Royal Horticultural Society

### Bevorzugtes Substrat

- ◌ Durchlässiger Boden
- ◐ Frischer Boden
- ● Feuchter Boden

### Lichtansprüche

- ☀ Volle Sonne
- ◐ Halbschatten
- ● Schatten

### Winterhärte

- ❄❄❄ Völlig winterhart
- ❄❄ Kann in milden Regionen oder an geschützten Plätzen im Freien überwintern
- ❄ Braucht guten Winterschutz

# Fiedriges Laub

In dieser Zusammenstellung verbinden sich Ziergräser zu einer auffälligen Komposition aus farbenfrohen, weichen Samenständen und architektonischem Laub. Man kann sie sogar in sehr kleinen Sonnenrabatten umsetzen. Die hohen *Stipa*- und *Miscanthus*-Arten sorgen im Hintergrund mit ihrem aufrechten Wuchs für ein vertikales Element, während die dekorativen rosa Samenstände von *Pennisetum alopecuroides* einen Blickfang in der Mitte bilden. Das Farbspektrum erweitern blaue Haargerste (*Elymus*) und das goldgelbe Japangras (*Hakonechloa*).

## Voraussetzungen

**Größe** 3 × 1,5 m
**Eignung** Für moderne Gärten
**Boden** Stark durchlässig
**Licht** Volle Sonne bis Halbschatten

## Einkaufsliste

- 2 × *Stipa calamagrostis*
- 1 × *Miscanthus sinensis* 'Zebrinus'
- 1 × *Miscanthus sinensis* 'Morning Light'
- 2 × *Pennisetum alopecuroides*
- 3 × *Hakonechloa macra* 'Aureola'
- 1 × *Elymus magellanicus*

## Pflanzung und Pflege

Graben Sie den Boden um und rechen Sie eben. Breiten Sie Unkrautfolie aus, um Unkräuter am Keimen zu hindern. Pflanzen Sie die Gräser durch Schlitze, die Sie in die Folie schneiden. *Stipa calamagrostis* und *Miscanthus sinensis* 'Zebrinus' werden am höchsten. Sie kommen daher mit 50 cm Abstand in den hinteren Teil; die anderen setzt man in etwa 20 cm Abstand nach vorn. Noch sichtbare Unkrautfolie wird mit Kies bedeckt. Gießen Sie im ersten Jahr regelmäßig, bis die Gräser gut eingewachsen sind. Sie sind sommergrün, verbleiben aber im Winter als Strukturgeber und Unterschlupf für Tiere; im Februar schneidet man sie ab. Die Gruppe ist relativ pflegeleicht.

*Stipa calamagrostis*
❀❀❀ ◊ ☼

*Miscanthus sinensis* 'Zebrinus'
❀❀❀ ◊ ☼ ♛

*Miscanthus sinensis* 'Morning Light'
❀❀❀ ◊ ☼ ♛

*Pennisetum alopecuroides*
❀❀❀ ◊ ☼

*Hakonechloa macra* 'Aureola'
❀❀❀ ◊ ☼ ♛

*Elymus magellanicus*
❀❀❀ ◊ ☼

# Frühjahrsmischung

Naturnahe Zwiebelpflanzenkolonien bringen Leben in eine Grasfläche, besonders unter Bäumen wirken sie fantastisch. Hier lockern die zarten weißen, nickenden Blüten des Schneeglöckchens *Galanthus* 'S. Arnott' und die leuchtenden Krokus-Sorten 'Pickwick' und 'Yellow Giant' das Meer aus grünem Gras auf und ziehen die Blicke auf sich. Die Zwiebelblumen wurden zu Gruppen zusammengefasst, damit sie als Farbblöcke ein Maximum an Wirkung entfalten. Die Pflanzung wirkt natürlich, weil die Gruppen ineinanderfließen.

## Voraussetzungen

**Größe** 10 × 10 m
**Eignung** Für Rasen, Flächen unter Bäumen, naturnahe Gärten, Wiesen
**Boden** Durchlässig oder etwas feucht
**Licht** Volle Sonne bis Halbschatten

## Einkaufsliste

- 500 Zwiebeln *Crocus* 'Yellow Giant'
- 500 Zwiebeln *Crocus vernus* 'Pickwick'
- 200 Zwiebeln *Galanthus* 'S. Arnott'

## Pflanzung und Pflege

Krokusse werden im Herbst gepflanzt. Verstreuen Sie viele Zwiebeln wahllos, pflanzen Sie sie dort ein, wo sie hingefallen sind, um eine natürliche Verteilung zu erreichen. Man setzt sie mit einem Zwiebelpflanzer oder entfernt auf größeren Flächen Sodenstücke mit einer Rasenschälmaschine, setzt die Zwiebeln in die blanke Erde und legt die Soden wieder darüber (*siehe S. 56–57*). Man pflanzt die Zwiebeln etwa zweimal so tief, wie sie hoch sind, die Spitze muss dabei nach oben zeigen. Schneeglöckchen werden im späten Frühjahr umgepflanzt, solange sie noch grünes Laub haben (*siehe S. 58–59*). Nach der Blüte lässt man das Laub einziehen, damit die Zwiebeln Nährstoffe einlagern können, die sie im nächsten Jahr für die Blüte wieder brauchen. Erst dann wird gemäht.

*Crocus* 'Yellow Giant'
❄❄❄ ◊ ◊ ☼

*Crocus vernus* 'Pickwick'
❄❄❄ ◊ ◊ ☼

## Ebenfalls empfehlenswert

*Galanthus* 'S. Arnott'
❄❄❄ ◊ ◊ ☼ ☼ ♚

*Scilla siberica* 'Spring Beauty'
❄❄❄ ◊ ◊ ☼ ☼

# Wogendes Farbenmeer

Blüten in allen Regenbogenfarben sind die Stärke dieser Blumenwiese, die den Garten vom späten Frühjahr bis zum Sommerende schmückt. Die Palette reicht von feurigem Rot bis zu Violett. Großer Vorteil: Die Pflanzung braucht nur wenige Wochen, bis sie herangewachsen ist und kostet gerade einmal so viel wie ein paar Samenpäckchen. Sie besteht aus Einjährigen, sieht man einmal von der Magerwiesen-Margerite (*Leucanthemum vulgare*) ab, einer Staude, die besser einwächst, wenn man sie mit Ballen kauft.

## Voraussetzungen

**Größe** 4 × 3 m
**Eignung** Sonnige Rabatten, Naturgärten
**Boden** Stark durchlässig, leicht feucht
**Licht** Volle Sonne

## Einkaufsliste

- 30 Pflänzchen *Leucanthemum vulgare* (Magerwiesen-Margerite)
- 2 Samenpäckchen *Papaver rhoeas* (Klatsch-Mohn)
- 2 Samenpäckchen *Agrostemma githago* (Kornrade)
- 2 Samenpäckchen *Centaurea cyanus* (Kornblume)
- 2 Samenpäckchen *Glebionis segetum* (Saat-Wucherblume)

## Pflanzung und Pflege

Entfernen Sie im zeitigen Frühjahr alle Zierpflanzen und Unkräuter von der Fläche, graben Sie um, rechen Sie eben. Mischen Sie alle Samen in einem Eimer, um eine gleichmäßige Verteilung zu erreichen und fügen Sie Sand hinzu. Säen Sie gleichmäßig aus und rechen Sie dann vorsichtig ein (siehe S. 38). Die Margeriten-Pflänzchen setzen Sie gleichmäßig verteilt. Jetzt und in den ersten Wochen gut gießen. Nach der Blüte Samenstände reifen lassen und die Samen herausschütteln oder sie in Papiertütchen sammeln, um sie wieder zu säen. Alle Pflanzen mit Ausnahme der Margerite entfernen und kompostieren.

*Leucanthemum vulgare*
❀❀❀ ◊ ☼

*Papaver rhoeas*
❀❀❀ ◊ ☼

*Agrostemma githago*
❀❀❀ ◊ ☼

*Centaurea cyanus*
❀❀❀ ◊ ☼

*Glebionis segetum*
❀❀ ◊ ☼

### Ebenfalls empfehlenswert

*Anthemis punctata*
❀❀ ◊ ☼

# Wogendes Farbenmeer

# Präriepflanzung

Mit ihren weichen, texturbetonten Bestandteilen in feurigen, kontrastierenden Farben sind naturnahe Präriepflanzen sehr schön anzusehen und zu Recht beliebt. Man gruppiert die Blumen zu miteinander verschmelzenden Kolonien. Ein Abstützen einzelner Pflanzen ist nicht nötig. Alle hier vorgeschlagenen Arten sind eine vorzügliche Bienen- und Schmetterlingsweide.

## Voraussetzungen

**Größe** 3 × 3 m
**Eignung** Naturgärten, Kiesgärten, Staudenrabatten, Wiesen
**Boden** Stark durchlässig
**Licht** Volle Sonne

## Einkaufsliste

- 5 × *Echinacea pallida*
- 5 × *Echinacea paradoxa*
- 5 × *Asclepias tuberosa*
- 5 × *Dianthus carthusianorum*

## Pflanzung und Pflege

Graben Sie die Fläche um. In sehr sandige Böden muss man organische Substanz einarbeiten. Rechen Sie eben. Die Pflanzen setzen Sie mit 50 cm Abstand in lockeren Bändern oder Gruppen, aber die einzelnen Gruppen sollen sich am Rand etwas miteinander verzahnen, um ein naturnahes Aussehen zu erreichen. Gießen Sie gut, streuen Sie Kiesmulch, um Unkraut zu unterdrücken. Obwohl alle Arten im Winter vertrocknen, sollte man sie erst im zeitigen Frühjahr abschneiden, da die Samenstände im Winter sehr dekorativ wirken und zudem Nahrung für hungrige Tiere bieten. Die Pflanzung ist relativ pflegeleicht; welke Blüten müssen nicht entfernt werden. Manchmal lohnt es sich allerdings, neuen Wuchs im Mai zu stutzen, da das die Blühsaison verlängert und interessante Höhenvariationen ergibt. Bei allen vorgeschlagenen Arten handelt es sich um Stauden, denen es guttut, wenn man sie alle paar Jahre im Frühjahr teilt.

*Echinacea pallida*
❄❄❄ ◊ ☼

*Echinacea paradoxa*
❄❄❄ ◊ ☼

*Asclepias tuberosa*
❄❄❄ ◊ ☼

*Dianthus carthusianorum*
❄❄❄ ◊ ☼

# Wunderwelt Wald

Eine gewisse Ruhe und Beschaulichkeit erfüllt diese Waldpflanzung. Die Blüten des Storchschnabels und Roten Fingerhuts (*Digitalis purpurea*) mit ihren weichen Farben verbinden sich mit den dunkel-orangefarbenen Hochblättern von *Euphorbia* zu Farbwogen in einem Meer aus dunkelgrünem Laub. Alle Pflanzen eignen sich sehr gut als Unterpflanzung von Gehölzgruppen, denn sie sind an den lichten Schatten und den Niederschlagsmangel unter Kronen und im Wurzelraum von Bäumen angepasst.

## Voraussetzungen

**Größe** 3 × 3 m
**Eignung** Für Gehölzpartien und schattige Staudenrabatten
**Boden** Stark durchlässig
**Licht** Lichter Schatten

## Einkaufsliste

- 3 × *Digitalis purpurea* (Roter Fingerhut)
- 7 × *Geranium* Patricia ('Brempat')
- 1 × *Euphorbia griffithii* 'Dixter'

## Pflanzung und Pflege

Graben Sie den Boden leicht um, verletzen Sie dabei keine Gehölzwurzeln. Arbeiten Sie organische Substanz wie Laubhumus oder Komposterde ein und rechen Sie eben. Die Storchschnäbel (*Geranium*) pflanzen Sie mit etwa 60 cm Abstand in die Mitte – sie können sich rasch ausbreiten. Die Wolfsmilch (*Euphorbia*) kommt in den vorderen Bereich. Falls *Epimedium* verwendet wird, positioniert man es als »Laubrahmen« um den Rand herum. Die Fingerhüte kommen eher im hinteren Bereich zwischen die Storchschnäbel, um der Pflanzung Höhe zu verleihen. Gut wässern. Storchschnabel und Wolfsmilch nach der Blüte zurückschneiden, da sie Stauden sind. Den Fingerhut als zweijährige Pflanze lässt man stehen, damit er aussamen kann. Vermeiden Sie eine Berührung mit dem milchigen Saft der Wolfsmilch – er kann Hautreizungen verursachen.

*Digitalis purpurea*
❁❁❁ ◊ ◐ ☼ ☼

*Geranium* Patricia ('Brempat')
❁❁❁ ◊ ☼ ☼ ♛

## Ebenfalls empfehlenswert

*Euphorbia griffithii* 'Dixter'
❁❁❁ ◊ ☼ ☼ ♛

*Epimedium* × *perralchicum* 'Wisley'
❁❁❁ ◊ ◐ ☼

Wunderwelt Wald 77

# Dachbegrünung

Begrünte Dächer werden immer beliebter – und das hat gute Gründe: Sie können selbst in winzigen Gärten angelegt werden, bringen Farbe auf nackte, ungenutzte Flächen, isolieren das Dach und sind ein zusätzlicher Lebensraum für Tiere. In diesem simplen Pflanzvorschlag werden ganze drei *Sedum*-Sorten zu einem vielfältigen Teppich aus Rot- und Goldtönen kombiniert. Fetthennen eignen sich vorzüglich für die Begrünung von Dächern, denn sie vertragen Trockenheit und bilden eine dichte Matte aus sukkulentem Laub.

## Voraussetzungen

**Größe** 1,5 × 2,5 m
**Eignung** Tragfähige Dächer in Gärten
**Boden** Stark durchlässig
**Licht** Volle Sonne

## Einkaufsliste

- 10 × *Sedum tetractinum* 'Coral Reef'
- 10 × *Sedum rupestre* 'Angelina'
- 10 × *Sedum selskianum* 'Spirit'

## Pflanzung und Pflege

Lassen Sie sich eine Spanplatte von der Größe des Dachs zuschneiden. Sie wird mit Teichfolie überzogen und auf dem Dach befestigt. Die Platte rahmen Sie auf allen vier Seiten mit 5 cm hohen Brettern ein. In den Rahmen füllen Sie eine Mischung aus Perlite, Holzwolle und Substrat. Bohren Sie Löcher in die Bretter am unteren Ende, damit Wasser ablaufen kann, aber stopfen Sie Holzwolle in die Löcher, damit keine Erde herausgeschwemmt wird. In die Substratmischung pflanzen Sie Fetthennen. Sie vertragen keine nassen Wurzeln. Räumen Sie daher im Herbst oder Winter abgefallenes Laub weg und prüfen Sie, ob die Dränagelöcher frei sind. Im Handel gibt es Dachmatten zum Bepflanzen zu kaufen, die man einfach ausrollt und befestigt. Wenn Sie nicht sicher sind, ob das Dach das Gewicht trägt, holen Sie fachkundigen Rat ein.

*Sedum tetractinum* 'Coral Reef'
❀❀❀ ◊ ☼

*Sedum rupestre* 'Angelina'
❀❀❀ ◊ ☼

*Sedum selskianum* 'Spirit'
❀❀❀ ◊ ☼

### Ebenfalls empfehlenswert

*Sedum spurium* 'Schorbuser Blut'
❀❀❀ ◊ ☼ ♆

# Bodendecker für sonnige Standorte

Diese silbrige Pflanzung bietet sich für Flächen mit starker Sonneneinstrahlung an. Sie wird dominiert von *Artemisia schmidtiana* 'Nana', die sich wie ein Fluss durch das Grün zieht und dabei an den höheren Gewächsen im Hintergrund »vorbeifließt«. Im Vordergrund halten die langen, spitzen Blätter bläulicher Ziergräser eine ganz andere Textur dagegen. Die Gruppe aus rosa *Armeria maritima* 'Splendens' setzt vom Frühjahr bis zum Frühsommer mit ihren Blüten Farbtupfer.

## Voraussetzungen

**Größe** 1,8 × 1,5 m
**Eignung** Für warme, geschützte Gärten
**Boden** Stark durchlässig
**Licht** Volle Sonne

## Einkaufsliste

- 7 × *Festuca glauca* 'Blauglut'
- 3 × *Artemisia ludoviciana* 'Valerie Finnis'
- 7 × *Artemisia schmidtiana* 'Nana'
- 3 × *Astelia chathamica*
- 9 × *Armeria maritima* 'Splendens'

## Pflanzung und Pflege

Arbeiten Sie in schwere Böden Feinkies ein, schneiden Sie Sträucher oder Bäume in der Nähe zurück, falls sie Licht wegnehmen. Die hohe *Astelia* und *Artemisia* mit gefiedertem Laub setzen Sie nach hinten, damit das Ganze etwas Höhe bekommt. Davor platzieren Sie die farbenfrohe *Armeria*. *Artemisia* 'Nana' soll sich als Band zickzackartig durch die Mitte des Beets ziehen. Zum Schluss setzen Sie vorne die Gräser. Legen Sie die Pflanzung im Frühjahr an, damit die empfindliche *Astelia* nicht erfriert. Alle verwendeten Arten sind typisch für mediterrane Gestaltungen und gedeihen an trockenen Standorten. Die Pflanzung erfordert wenig Pflege: Welke Blütenstängel der *Armeria* nach dem Verblühen herauszunehmen reicht. Die nicht ganz winterharte *Astelia* muss meist im Frühjahr neu gesetzt werden. Im Frühjahr welkes Laub entfernen.

*Festuca glauca* 'Blauglut'
❄❄❄ ◊ ☼

*Artemisia ludoviciana* 'Valerie Finnis'
❄❄ ◊ ☼ ♛

*Artemisia schmidtiana* 'Nana'
❄❄❄ ◊ ☼ ♛

*Astelia chathamica*
❄ ◊◊ ☼ ☼ ♛

*Armeria maritima* 'Splendens'
❄❄❄ ◊ ☼

Bodendecker für sonnige Standorte 81

# Bodendecker für schattige Standorte

Dieses üppige, naturnahe Arrangement, hier im lichten Schatten einer Hänge-Birke angelegt, lässt sich in jedem schattigen Gartenwinkel nachempfinden, ob mit oder ohne Baum. Die begrenzte Farbpalette gibt ihm Ruhe und Beschaulichkeit. Dezent harmoniert das goldgelbe Laub von *Carex elata* 'Aurea' mit dem weichen Grün- und Weißtönen von *Dryopteris filix-mas* und *Aquilegia vulgaris* var. *stellata* 'Greenapples', was die violetten Blüten von *Polemonium yezoense* var. *hidakanum* 'Purple Rain' umso mehr hervorhebt.

## Voraussetzungen

**Größe** 3 × 3 m
**Eignung** Für Höfe, Terrassen oder andere schattige Flächen und Gehölzgruppen
**Boden** Stark durchlässig
**Licht** Lichter Schatten

## Einkaufsliste

- 5 × *Carex elata* 'Aurea'
- 5 × *Dryopteris filix-mas*
- 5 × *Aquilegia vulgaris* var. *stellata* 'Greenapples'
- 2 × *Polemonium yezoense* var. *hidakanum* 'Purple Rain'
- 7 × *Epimedium* × *perralchicum* 'Frohnleiten'

## Pflanzung und Pflege

Lockern Sie den Boden vor dem Bepflanzen, verletzen Sie dabei aber nicht die Wurzeln von Gehölzen in der Nähe. Verteilen Sie die Pflanzen so zufällig wie möglich – am besten werden sie noch vorab in ihren Töpfen arrangiert, um sicher zu sein, dass alles naturnah wirkt. *Dryopteris* und *Carex* pflanzen Sie mit etwa 30 cm Abstand, anschließend füllen Sie die Lücken mit Akelei (*Aquilegia*) und Elfenblume (*Epimedium*). Die verwendeten Pflanzen brauchen wenig Pflege, doch muss die wüchsige Elfenblume im Zaum gehalten werden, damit sie nicht die anderen Pflanzen verdrängt.

*Carex elata* 'Aurea' ❀❀❀ ◊ ♦ ☼ ☼ ♉

*Dryopteris filix-mas* ❀❀❀ ♦ ☼ ♉

*Aquilegia vulgaris* var. *stellata* 'Greenapples' ❀❀❀ ◊ ☼ ☼

*Polemonium yezoense* var. *hidakanum* 'Purple Rain' ❀❀❀ ◊ ♦ ☼ ☼

*Epimedium* × *perralchicum* 'Frohnleiten' ❀❀❀ ◊ ♦ ☼ ☼ ♉

Bodendecker für schattige Standorte 83

# Rasen-pflege

Damit sich Ihr Rasen immer von seiner besten Seite zeigt, müssen Sie ihn regelmäßig pflegen, sprich: wässern, düngen und jäten. Mitunter brauchen Sie vielleicht sogar die Hilfe eines Fachbetriebs. In diesem Kapitel finden Sie viele Tipps, wie Sie Ihren grünen Teppich in Schuss halten, angefangen von der Auswahl der passenden Werkzeuge bis hin zum Mähen. Mit dem Gartenplaner bekommen Sie eine anschauliche Übersicht über die Arbeiten, die zu verschiedenen Jahreszeiten anfallen. Eine Liste der häufigsten Unkräuter, Schädlinge und Krankheiten hilft Ihnen, Probleme sofort zu erkennen und – was noch wichtiger ist – sie zu bekämpfen.

# Gartenplaner: Frühjahr und Sommer

In diesem Gartenplaner sind alle Pflegearbeiten aufgelistet, die Sie im Jahreslauf durchführen sollten. Wenn Sie die einfachen Anleitungen beachten, sieht Ihr Rasen das ganze Jahr über gesund und grün aus.

## Frühjahr

Im Frühjahr, wenn die Temperaturen steigen und das Gras zu wachsen beginnt, braucht Ihr Rasen besondere Fürsorge. Er benötigt Wasser- und Nährstoffgaben.

### Rasen aussäen und verlegen
Das Frühjahr ist eine gute Zeit für das Verlegen von Rasen. Fröste treten nun seltener auf, der Boden lässt sich leichter bearbeiten. Weil er sich zudem schon erwärmt, kann man auch mit dem Aussäen beginnen. Meist regnet es genug, um die Samen zum Keimen zu bringen.
### Düngen
Eine Nährstoffgabe zu Beginn des Wachstums hält den Rasen grün. Rasendünger wird vielfach angeboten. Sein Hauptbestandteil ist Stickstoff, der das Wachstum fördert.
### Wässern
Zum Frühjahrsende muss man eventuell schon etwas wässern, falls es in den Monaten davor wenig geregnet hat.
### Mähen
Mähen Sie regelmäßig. Bei den ersten Durchgängen sollte der Mäher auf höchste Stufe eingestellt werden.
### Vertikutieren
Arbeiten Sie mit einem Fächerbesen oder einem Vertikutierer, um abgestorbenes Gras, den Rasenfilz, zu entfernen.
### Belüften
Stechen Sie mit einer Grabe- oder Aerifiziergabel Löcher in den Boden, um den Boden zu belüften und zu lockern.

## Sommer

Der größten Belastung ist Gras im Sommer ausgesetzt. Bei längerer Trockenheit sollte man Rasenflächen weder vertikutieren noch aerifizieren.

### Düngen
Im Sommer kann man bei Bedarf noch einmal etwas Dünger geben, doch muss man warten, bis es regnet, denn bei Trockenheit und Hitze können Düngemittel die Gräser verbrennen und in einen Stresszustand versetzen. Statt Granulat lässt sich aber Flüssigdünger ausbringen.
### Wässern
Damit eine Rasenfläche auch in trockenen Sommern grün bleibt, muss sie mitunter gegossen werden, ob mit einem automatischen Bewässerungssystem oder dem Gartenschlauch. Allerdings erholen sich Gräser rasch wieder, wenn sie einmal vertrocknen. Weil Wasser immer wertvoller wird, sollte man nur gießen, wenn es unbedingt nötig ist.
### Mähen
Gemäht wird ein- bis zweimal in der Woche. Bei extremer Trockenheit sollte der Mäher aber im Schuppen bleiben.
### Jäten
Entfernen Sie aggressive Unkräuter wie Löwenzahn mitsamt den Wurzeln. Ehrenpreis, Klee und Gänseblümchen lassen sich in der Regel nur mit Herbiziden beseitigen. Bringen Sie Unkrautvernichtungsmittel möglichst nicht in Trockenperioden aus.

Rasen wird am besten im Frühjahr verlegt, wenn es wärmer wird und Niederschläge das Gießen überflüssig machen.

Um regelmäßiges Mähen kommt man im Sommer nicht herum. Nur bei Trockenheit sollte man es unterlassen.

# Gartenplaner: Herbst und Winter

## Herbst

Jetzt kommt die Zeit, den Rasen auf Vordermann zu bringen. Gute Herbstpflege garantiert, dass er die winterliche Kälte übersteht und sich von der starken Beanspruchung im Frühjahr und Sommer erholt.

### Düngen
Während Frühjahrs-Rasendünger stickstoffreich sind, um das Wachstum der Gräser zu fördern, enthalten Präparate für den Herbst vor allem Kalium, damit die Pflanzendecke robust genug wird, um den Winter zu überstehen.

### Topdressing
Diese Maßnahme verbessert die Textur. Man verteilt dazu nach dem Belüften der Fläche eine handelsübliche Mischung oder eine Eigenmischung aus Sand, hochwertigem Substrat und Gartenerde, die man in die Vertiefungen einbürstet – aber vollständig, da sonst das Gras abstirbt.

### Mähen
Auch jetzt muss noch gelegentlich bei hoher Einstellung gemäht werden. Der letzte Schnitt erfolgt im November.

### Vertikutieren
Mit einem Fächerbesen oder einem Vertikutierer wird der Filz aus dem Gras geholt. Vertikutieren Sie einmal längs, dann quer und beim zweiten Mal tiefer als beim ersten Mal. Im Herbst wird möglichst kräftiger vertikutiert als im Frühjahr. Die Pflanzenreste werden zusammengerecht und kommen auf den Komposthaufen.

### Belüften
Die Fläche wird mit einer Grabe- oder Aerifiziergabel bis in etwa 10 cm Tiefe belüftet. Mit geschlossenen, massiven Zinken wird am besten jährlich, mit hohlen Zinken dagegen nur alle drei bis vier Jahre (*siehe S. 95*) aerifiziert.

### Reparieren
Auch im Herbst kann man Rasen ansäen oder verlegen, denn der Boden ist noch warm. Allerdings sollte man nicht zu lange warten, damit die Gräser einwachsen können, bevor der Winter kommt. Kahle Stellen werden repariert, Senken und Buckel eingeebnet.

## Winter

Im Winter macht Rasen wenig Arbeit. Man sollte bei Frost nicht auf ihm herumgehen, weil dadurch dunkle Flecken entstehen können, falls das Gras abstirbt.

### Rasen verlegen
Auch im Winter kann man zur Not noch Rollrasen verlegen, bei Minustemperaturen aber ist es nicht ratsam, da sich der Boden nicht mehr ausreichend vorbereiten lässt.

### Laub aufsammeln
An milden Tagen sollte man noch vorhandenes Herbstlaub aus dem Rasen entfernen, da es ihm Licht wegnimmt und die Gräser absterben lässt. Man kann die Blätter mit einem Mäher oder Fächerbesen aufsammeln. Sie kommen auf den Kompost.

Nach dem Einsammeln zerkleinert man abgefallenes Laub mit einem Rasenmäher und wirft es auf den Kompost.

An milden Wintertagen kann man Flächen umgraben, auf denen im Frühjahr Rasen angelegt werden soll.

# Wässern, Düngen, Topdressing

Damit Rasen das ganze Jahr gesund und grün bleibt, muss er gepflegt werden: Wasser, Nährstoffe und ein Topdressing sind Grundvoraussetzungen, wenn man einen Rasen will, auf den Nachbarn neidisch werden.

**Trockenheit** Regnet es längere Zeit nicht, hört Gras auf zu wachsen. Die Blätter werden erst gelb, dann braun und sterben schließlich ab. Im Hinblick auf den Umweltschutz sollte man wirklich nur wässern, wenn es unbedingt nötig ist, denn Rasen erholt sich nach einer längeren regenlosen Zeit oft rasch und vollständig. Falls sich das Gießen gar nicht vermeiden lässt: Wässern Sie nur morgens oder abends, um Verluste durch Verdunstung zu verringern.

**Tipps zum Wässern** Der Bodentyp wirkt sich darauf aus, wie oft eine Fläche gewässert werden muss. Bei tonigen bzw. Lehmböden reicht einmaliges Gießen in der Woche, während sandiges Erdreich zweimal wöchentlich eine Flüssigkeitsgabe braucht. Wasser muss zu den Wurzeln in etwa 10 cm Tiefe durchdringen. Graben Sie am besten ein Loch, um zu prüfen, wie tief der Boden durchfeuchtet ist.

## Wässern

**Sprinkler** Mit Sprinklern spart man bei großen Rasenflächen Zeit. Es gibt zeituhrgesteuerte Ausführungen, die verhindern, dass Wasser vergeudet wird. Schwinghebelregner schwenken hin und her (*siehe oben*), Kreisregner werfen das Wasser im vollen Umkreis von 360° aus. Für kleine Rasenflächen reicht aber in der Regel ein Gartenschlauch mit Spritzdüse zum Bewässern.

**Gießkanne** Überlegen Sie sich, ob für kleine Rasenflächen nicht eine simple Gießkanne reicht. Sie muss zwar befüllt und getragen werden, was anstrengender ist als das Ausrollen eines Schlauchs, dafür geht weniger Wasser verloren. Wässert man frisch angesäten Rasen, verwendet man einen Aufsatz mit feiner Brause, damit die Samen nicht weggeschwemmt werden.

## Düngung

**Dünger** Mineraldünger setzt sich auch für Rasen aus drei Nährstoffen zusammen: Stickstoff (N), Phosphor (P) und Kalium (K). Sie werden durch das Verhältnis von N : P : K gekennzeichnet. Stickstoff fördert das Wachstum von grünem Pflanzenteilen und ist oftmals in Frühjahrsdüngern in hohen Anteilen enthalten. Phosphor dient der Wurzelbildung und findet sich vor allem in Herbstdüngern sowie Präparaten, die vor der Aussaat ausgebracht werden. Kalium macht die Gräser robuster und damit widerstandsfähiger gegen Krankheiten, Trockenheit und Kälte, weshalb es auch in Herbstdüngern enthalten ist. Darüber hinaus tun dem Rasen Spurenelemente wie Eisen (Fe) gut und Magnesium (Mg) sorgt dafür, dass das Gras grün bleibt. Im Handel gibt es außerdem Mischungen zu kaufen, die Rasendünger und Unkrautvernichtungsmittel gleichzeitig enthalten: Spezialpräparate mit Eisensulfat, Ammoniumsulfat und feinem Sand beseitigen Moos und Unkräuter, liefern aber auch alle nötigen Nährstoffe.

Dünger bringt man von Hand aus. (Tragen Sie dazu Handschuhe.) Für größere Flächen lohnt sich ein Streuwagen.

**Organische und Flüssigdünger** Neben synthetischen gibt es organische Düngemittel, etwa Algendünger. Ein Mulchmäher hackt den Grasschnitt fein und verteilt ihn wieder auf der Fläche, wodurch der Stickstoff in den Gräsern wieder dem Boden zugeführt wird. Knochenmehl ist zum Beispiel reich an Phosphor. Mit Flüssigdüngern erzielt man schnellere Wirkung als mit Trockenpräparaten, da sie sofort in den Boden sickern und dort umgehend von den Wurzeln aufgenommen werden können.

**Topdressing** Ein Topdressing verbessert die Bodenqualität, ebnet Buckel und Senken ein und füllt die Löcher, die durch beim Aerifizieren entstanden sind. Im Handel gibt es Fertigpräparate, doch kann man sich aus 3 Teilen Sand, 3 Teilen Gartenerde und 1 Teil organischer Substanz eine Mischung auch selbst zusammenstellen. Sie wird gleichmäßig auf der Rasenfläche verteilt und dann mit einem Besen in die Aerifizierungslöcher hineingekehrt. Ideal ist ein jährliches Topdressing, vorzugsweise im Herbst.

Düngen Sie junge Pflanzen mit einer Gießkanne.

Topdressing wird verteilt ...

... und in den Rasen gekehrt.

## Rasenwerkzeug und -geräte

Um hochwertiges Werkzeug kommt man nicht herum, wenn man seinen Rasen gesund halten will. Wer immer das passende Werkzeug parat hat, macht sich das Anlegen und Pflegen einfach. Neben den üblichen Gartengeräten gibt es Spezialutensilien.

**Rasenmäher** Das Gerät schlechthin für die Rasenpflege. Es gibt Mäher in vielen Ausführungen, etwa als Sichel- und Spindelmäher (*siehe S. 97*); manche sammeln den Schnittabfall gleich auf. Schiebemäher oder Geräte mit Akkubetrieb sind umweltfreundlicher als Benzinmäher.

# Rasenwerkzeug und -geräte

**Rasentrimmer** Man braucht ihn für Stellen, die man mit dem Mäher nicht erreicht, etwa Mauern, Zäune und Pflasterränder. Auch an Böschungen, in Ecken und bei hohem Gras leistet er gute Dienste. Er schneidet das Gras mit einer rotierenden Nylonschnur (*siehe S. 97*).

**Kantenschere** Mit einem sauber geschnittenen Rand sieht der Rasen besser aus. Schieben Sie Erdreich von der Kante weg und schneiden Sie das Gras wie mit einer Schere ab, sodass sich also nur die Schnittklinge bewegt, während die untere in Position bleibt.

**Sodenspaten** Er dient zum Herausnehmen von Grassoden aus bestehendem Rasen. Nach dem Ausschneiden der Sode führt man den Spaten unter die Sode und trennt die Wurzeln ab. Das Werkzeug hat eine scharfe Kante zum besseren Schneiden und einen gekrümmten Stiel.

**Kantenstecher** Er ermöglicht gerade, scharfe Kanten oder saubere Schnitte. Der Kantenstecher durchtrennt Soden mit einer scharfen halbmondförmigen Klinge. Beim Stechen eines Rands spannt man vorher eine Schnur und sticht an ihr entlang eine Rille in den Boden.

## Rasenwerkzeug und -geräte *Fortsetzung*

**Besen** (*rechts*) Er gehört zur Gartenausstattung und kann vielseitig eingesetzt werden. Ausführungen mit steifen Borsten sind mit am besten zum Einkehren von Topdressing in Aerifizierungslöcher geeignet; lediglich für sehr feinen Rasen braucht man Ausführungen mit weicheren Borsten. Außerdem leisten Besen gute Dienste beim Kehren befestigter Flächen und überhaupt zum Sauberhalten des Gartens.

**Reisigbesen** (*ganz rechts*) Er wird oft auch als Hexenbesen bezeichnet und ist eine Alternative zum Besen mit harten Borsten. Besonders gut kann man mit ihm im Herbst Laub von Rasen kehren, Grasschnitt nach dem Mähen sammeln und Topdressing nach der Belüftung in die Bodenlöcher einarbeiten. Reisigbesen sind flugs gemacht: Binden Sie einfach Zweige (meist von Birken) mit einer Schnur an einen Stock.

**Rechen** (*ganz links*), auch Harken genannt, gibt es mit Holz-, Metall- oder Edelstahlzinken. Beim Vorbereiten einer Fläche für das Anlegen von Rasen werden Rechen in der Regel zum Einebnen nach dem Umgraben oder Fräsen des Bodens verwendet. Noch glatter wird die Oberfläche, wenn man den Rechen umdreht und mit der geraden Kante über das Erdreich zieht.

**Fächerbesen** (*links*) Sie bestehen aus langen, krallenartigen Zinken und kommen in erster Linie beim Entfernen von Rasenfilz an der Erdoberfläche zum Einsatz. Man kratzt damit kräftig einmal längs und einmal quer über die Bodenoberfläche und sammelt anschließend den Filz mit einem Rechen auf. Fächerbesen eignen sich auch gut zum Entfernen von Laub auf Rasenflächen.

**Rasengerte** (*rechts*) Es handelt sich um einen langen, ausziehbaren Stab mit peitschenartiger Verlängerung. Gerten werden morgens in weitem Schwung über den Rasen gefegt, sodass der Tau abfällt und die Gräser schneller trocknen. Dasselbe erreicht man allerdings auch mit einem simplen Bambusstab. Das Entfernen von Wasser verringert das Risiko von Pilzwachstum und die Entwicklung von Krankheiten, die sich in feuchtem Milieu wohlfühlen. Außerdem lässt sich trockener Rasen leichter mähen. Ebenfalls beliebt bei der Vermeidung von Pilzbefall ist ein Taubesen, mit dem man morgendliche Feuchtigkeit abzieht. Das schnelle Trocknen von Rasen ist vor allem an schattigen Stellen wichtig, wo die Sonne die Halme nicht auf natürliche Weise von Feuchtigkeit befreit.

# Rasen aerifizieren

Rasen belüftet man am besten im Frühjahr oder Herbst. Durch Aerifizieren wird verdichtetes Erdreich gelockert, Luft gelangt zu den Graswurzeln sowie zu den Blattbasen.

Im Handel sind mehrere Aerifiziergeräte erhältlich, angefangen von der einfachen Gabel bis hin zu motorbetriebenen Aerifizierern für größere Flächen.

**Grabegabel** Verdichtete Böden lockert man, indem man die Zinken einer Grabegabel etwa 8 cm tief ins Erdreich drückt und die Gabel leicht vor und zurück bewegt, um die Löcher zu weiten. Stechen Sie sie alle 10 cm in den Boden.

**Aerifiziergabel** Das Spezialwerkzeug wird genau so wie die Grabegabel (*links*) und mit denselben Abständen eingesetzt. Sie hat aber hohle Zinken, die Erdzapfen mit herausziehen. In die Löcher füllt man Topdressing.

**Vertikutierer** Er entfernt Laub und Filz am Ansatz der Gräser, wodurch Luft besser zirkulieren und Wasser sowie Dünger leichter in den Wurzelraum eindringen können.

**Dornensohlen** Verbinden Sie einen Spaziergang durch den Garten mit dem Belüften des Rasens. Dornensohlen werden an Schuhen befestigt und brechen verdichteten Boden auf.

**Handfräse** Diese nützliche alternative Möglichkeit zum Belüften wird über das Gras gezogen. Die scharfen Klingen durchschneiden die Soden, sodass Luft zu den Wurzeln gelangt.

# Mähen

Das Mähen ist die wichtigste Pflege, die Ihr Rasen braucht. Ein regelmäßiges Schneiden des Grases fördert gesunden neuen Wuchs und ein kräftiges Wurzelsystem, das auch einmal Wassermangel verträgt. Mähen verhindert die Ausbreitung von Schädlingen, Krankheiten und Unkräutern. Vor allem aber sieht ein sauber geschnittenes Grün gut aus und wertet den gesamten Garten auf.

### Anweisung zum Mähen

| JAHRESZEIT | GEBRAUCHSRASEN | ZIERRASEN |
|---|---|---|
| Frühjahr und Herbst | 30–40 mm, einmal in der Woche | 17–22 mm, ein- bis zweimal in der Woche |
| Sommer | 25–30 mm, einmal in der Woche | 15–20 mm, bis zu dreimal in der Woche |
| Winter | 40–45 mm, nach Bedarf | 25 mm, bei Bedarf |

## Mähmuster

Gemäht werden muss regelmäßig. Man entfernt besser öfter kleine Mengen Gras als große Mengen in einem Durchgang. Beginnen Sie mit den Rändern und mähen Sie anschließend die Fläche in gerader Linie von einer Seite zur anderen, bis Sie am Ende der Fläche angekommen sind. Zum Schluss mähen Sie noch einmal die Ränder, um beim Wenden eventuell vergessene Büschel noch zu erwischen. Ändern Sie die Mährichtung bei jedem Mähen, da sich sonst Vertiefungen bilden können, vor allem, wenn Sie einen Mäher mit nachgezogenem Roller verwenden. Sie können Rasenflächen auch einmal diagonal mähen – das ergibt eine saubere Fläche und sieht ebenso gut aus wie das Mähen parallel zum Rand.

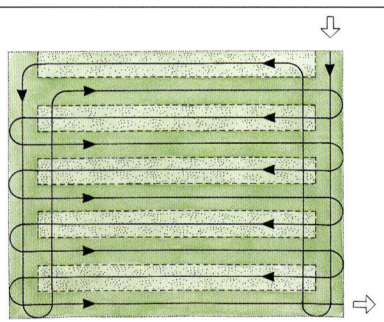

Mähspur auf einer rechteckigen Rasenfläche

Mähstreifen müssen nicht zwangsläufig gerade verlaufen. Eine interessante Variante sind geschwungene Linien. Sie bieten sich dann an, wenn man um runde Beete, Teiche und kreisförmige Pflasterflächen herum mähen muss.

## Mähertypen

Man unterscheidet im Wesentlichen zwei Arten von Rasenmähern: Sichelmäher und Spindelmäher. Bei beiden müssen die Klingen stets scharf geschliffen bleiben und gut ausgewuchtet sein, sonst schneiden sie schlecht und hinterlassen zerrupfte Grasspitzen, was den Rasen anfällig für Krankheiten macht. Motormäher und Trimmer sollte man einmal im Jahr zur Inspektion bringen, damit sie immer voll leistungsfähig bleiben.

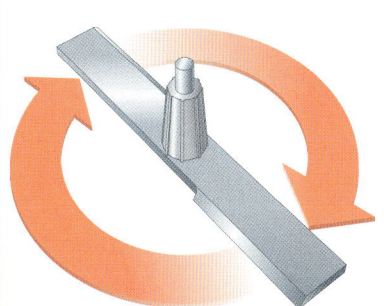

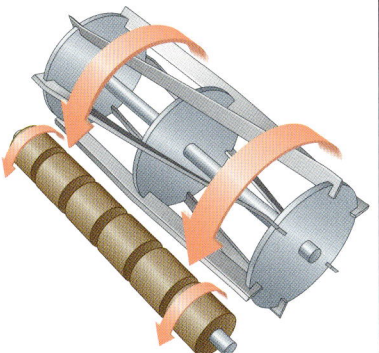

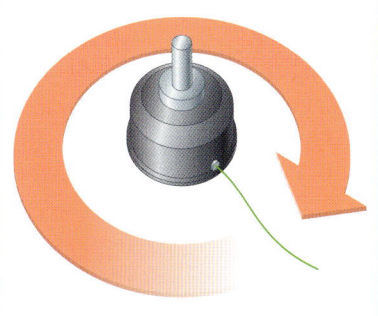

**Sichelmäher** Die rotierenden Messer kappen Gräser mit hoher Geschwindigkeit. Sichelmäher ergeben in der Regel eine nicht so feine Rasenfläche wie Spindelmäher, aber wenn sie Roller am hinteren Ende haben, erreicht man einen völlig ausreichenden Schnitt und zudem dekorative Streifen.

**Spindelmäher** Sie haben eine rotierende Walze, die horizontal zum Boden befestigt ist. Die sich drehenden Messer laufen an einem fest angebrachten Messer vorbei; es ergibt sich ein sehr feiner Schnitt. Spindelmäher sind für formale Rasenflächen und Sportrasen von hoher Qualität geeignet.

**Trimmer** Mit ihnen mäht man hohes, grobes Gras oder Rasen an Böschungen, die zu steil für herkömmliche Mäher sind. Eine Nylonschnur rotiert mit hoher Geschwindigkeit. Es entsteht allerdings eine minderwertige Schnittfläche mit ausgefransten Grasspitzen, die braun werden und absterben.

## Wohin mit dem Grasschnitt?

Wenn man einen Rasen regelmäßig mäht, herrscht in der Regel kein Mangel an Grasschnitt für den Komposthaufen. Kleine Mengen fügt man dem Haufen abwechselnd mit Zwischenlagen aus anderen Materialien hinzu, denn der Schnitt enthält viel Stickstoff und kann zu einer schmierigen, stinkenden Masse faulen, wenn man ihn zu hoch aufschichtet. Auch kohlenstoffhaltiges Kompostmaterial wie holzige Pflanzenteile, Pappe oder geschreddertes Zeitungspapier sollten auf den Haufen kommen, um den Stickstoff aus dem Grasschnitt auszugleichen. Alle paar Wochen wendet man den Haufen, damit Luft ins Innere gelangt – das fördert und beschleunigt den Vorgang der Kompostierung. Grasschnitt zersetzt sich besser, wenn man ihn vorher trocknen lässt.

## Saubere Kanten

Saubere Rasenkanten geben dem Garten Struktur und ziehen eine klare Grenze zwischen Grasfläche und Zierpflanzungen. Ohne Kanten verschwimmen die Konturen und die Ränder werden von Unkraut besiedelt.

**Überhängende Rabatten** Zierpflanzen wie dieser Storchschnabel können in Rasenflächen hineindrängen, wenn sie nicht geschnitten werden. Man stutzt sie regelmäßig zurück, sonst stirbt das Gras darunter ab, wodurch im Winter unschöne kahle Stellen sichtbar werden.

**Kantenstecher verwenden** Die halbmondförmigen Stecher werden verwendet, wenn eine klare Kante zwischen Rasen und Blumenbeeten gezogen werden soll. Spannen Sie eine Schnur von einem Ende des Beets zum anderen und stechen Sie mit dem Kantenstecher entlang der Schnur Sodenstücke vom Rasenrand weg. Dank der flachen Klinge geht das recht einfach vonstatten; die scharfe Schneide durchtrennt die Soden zudem sauber. Drücken Sie die Klinge senkrecht von oben oder leicht schräg nach außen in den Boden, sonst wird die Rasenkante instabil und bröckelt leicht ab. Mit Spaten sollte man die Kanten nicht stechen, denn wegen des leicht geschwungenen Blatts fällt auch der Rand entsprechend wellig aus. Die abgeschnittene Grasnarbe kommt auf den Komposthaufen.

**Kantenschere** Mit ihr stutzt man Grashalme, die über die Rasenkanten hinausragen. Es gibt Ausführungen mit langem Teleskopgriff, sodass man sich nicht einmal zu bücken braucht. Rasenkanten sollten erst nach dem Mähen geschnitten werden, denn wenn man sie davor stutzt, können die Messer des Rasenmähers erneut Halme nach außen drücken. Beim Schneiden bewegt man nur die obere Klinge – die untere bleibt starr gerade. Geschnitten wird in Richtung der geöffneten Klingen. Lassen Sie nie Rasenschnitt in der Vertiefung zwischen Rasenkante und Rabatte liegen, denn er könnte dort Wurzeln schlagen oder Samen könnten auskeimen. Stattdessen recht man ihn zusammen und wirft ihn auf den Komposthaufen.

**Soden ersetzen** Rasenkanten bröckeln bisweilen ab oder es bilden sich abgestorbene Flecken am Rand, vor allem, wenn Stauden im Sommer zu weit in die Grünfläche hineinragen. Man repariert solche Stellen am einfachsten, indem man die unschöne Stelle mit dem Kantenstecher quadratisch aussticht und das Stück um 180° dreht, sodass außen wieder eine gesunde, gerade Kante den Abschluss bildet. Dann recht man die geschädigte Stelle, die sich nun ein Stück weit weg von der Kante befindet, und sät sie neu an. Wässern Sie bei Trockenheit gut und wiederholen Sie die Prozedur, sobald Sie kahle Stellen am Rand entdecken.

# Herbstlaub aufsammeln und kompostieren

Wenn im Herbst Blätter auf den Rasen fallen, müssen sie entfernt werden, damit das Gras nicht verunstaltet wird oder, noch schlimmer, wegen Lichtmangel abstirbt. Das Laub ist aber beileibe kein Abfall: Es lässt sich in besten Humus verwandeln.

## Laub entfernen

Am effektivsten lässt sich Laub mit einem Fächerbesen (*Bild*) aus Rasenflächen entfernen. Man recht es zu kleinen Häufchen zusammen und wirft es anschließend auf den Komposthaufen oder schichtet es gesondert für die Erzeugung von Laubhumus auf (*siehe Seite gegenüber*). Schon allein das Kratzen mit dem Fächerbesen über das Gras tut dem Rasen gut, denn es vertikutiert ihn sanft. Es gibt noch verschiedene weitere Hilfsmittel, die das Aufsammeln von Laub erleichtern, etwas übergroße Handschuhe aus Kunststoff zum Fassen des Laubs oder Schaufeln mit langen Griffen.

## Säubern unter Bäumen

Laub, das von sommergrünen Bäumen auf den Rasen fällt, kann dort nicht liegen bleiben, denn die dicke Mulchschicht bringt das Gras zum Absterben. Verhindern lässt sich das, indem man um den Stamm herum ein rundes Beet anlegt und mit schattenliebenden Bodendeckern oder im Frühjahr blühenden Zwiebelblumen füllt, die an den Kronenschatten und das Wachsen unter einer Laubdecke angepasst sind. Soll jedoch ausschließlich Gras unter dem Baum wachsen, müssen Sie die bestehende Grasnarbe entfernen, den Boden gut vorbereiten, Unkraut jäten und die Fläche neu mit einer Schattenrasenmischung besäen. Bis zum Keimen schützt man die Samenkörnchen mit Netzen.

# Laubkompost herstellen

**1** Sammeln Sie Herbstlaub mit einem Fächerbesen auf. Die Blätter zersetzen sich schneller, wenn sie geschreddert werden, daher fahren Sie zuerst mit einem Spindelmäher darüber. Die Laubmasse kommt in Müllsäcke oder Tragetüten.

**2** Gießen Sie Wasser über das Laub, falls es sehr trocken ist, denn Feuchtigkeit fördert den Zersetzungsprozess. Manche Blätter brauchen länger als andere, bis sie kompostiert sind, etwa stark gerbstoffhaltige Buchen- und Eichenblätter.

**3** Mit einem Messer oder einer Gabel stechen Sie Löcher in die Säcke, damit Luft eindringen kann; Sauerstoff fördert die Zersetzung. Die Beutel stellen Sie an einen verborgenen Ort. Schütteln und befeuchten Sie das Laub gelegentlich.

**4** Nach ein bis zwei Jahren ist der Laubkompost fertig und kann im Garten verwendet werden. Er ist ein vorzüglicher Bodenverbesserer, vor allem für schattenliebende Pflanzen. Man kann aus ihm auch Topfsubstrat mischen.

## Senken und Buckel ausgleichen

Rasen muss regelmäßig gepflegt werden, damit er ansehnlich bleibt. Man wird ihn auch öfters ausbessern müssen, wenn er durch häufiges Betreten, Trockenheit, Maulwürfe oder Frost verunstaltet wurde. Senken und Buckel lassen sich wie hier gezeigt nivellieren.

**1** Prüfen Sie den Rasen regelmäßig auf Unebenheiten. Mit einem Kantenstecher schneiden Sie ein Kreuz direkt durch die Mitte einer Senke und über deren Rand hinaus. Gehen Sie so sauber wie möglich dabei vor.

**2** Stechen Sie mit einem Sodenspaten oder normalem Spaten unter die Grasnarbe und heben die Sode hoch. Sie sollte gleichmäßig 5 cm dick sein. Schieben Sie den Spaten so waagerecht wie möglich unter die Sode.

**3** Die vier Soden klappen Sie behutsam zurück, ohne sie zu zerbrechen. Bei sehr trockenem Boden wird das Gras vorher leicht gewässert. Beim Ausgleich eines Buckels entfernt man Erde, bis die Fläche eben ist, und fährt fort mit Schritt 6.

# Senken und Buckel ausgleichen *Fortsetzung*

**4** Zum Auffüllen von Senken lockern Sie den Boden bis in 5 cm Tiefe; dabei werden verdichtetes Erdreich und große Klumpen aufgebrochen. Anschließend treten Sie leicht an, damit die Fläche nach dem Nivellieren nicht absinkt.

**5** Die Senke wird mit gutem Topdressing ausgeglichen. Rechen Sie die Oberfläche feinkrümelig; bei Bedarf füllen Sie mehr Erde nach. Arbeiten Sie Dünger für Ansaaten in den Boden ein.

**6** Die Soden schlagen Sie vorsichtig wieder zurück und drücken sie mit umgedrehtem Rechen gut fest. Damit beginnen Sie am Rand des Quadrats und arbeiten sich allmählich nach innen vor. Prüfen Sie erneut, ob die Fläche eben ist.

**7** Kehren Sie hochwertiges Topdressing in die Ritzen ein, damit die Sodenkanten nicht austrocknen. Man kann die Rillen auch besäen, damit sie zuwachsen. Anschließend sollten Sie wässern, um das Einwachsen zu fördern.

# Weitere Reparaturarbeiten

**Ein Rasenquadrat ersetzen** Vor dem Austauschen einer beschädigten Stelle im Rasen sollte man zuerst einmal die Ursache des Problems herausfinden, um weitere Schäden zu vermeiden. Ist das Gras beispielsweise kaputt, weil man ständig darübergelaufen ist, lohnt es sich vielleicht Trittsteine aufzubringen oder einen Weg anzulegen. Die ideale Jahreszeit für eine Reparatur ist das Frühjahr oder der Herbst. Schneiden Sie das geschädigte Rasenstück mit einem Kantenstecher heraus und heben Sie es mit einem Spaten auf – das Blatt sollte in etwa 5 cm Tiefe eingestochen werden. Mit einer Grabegabel bearbeitet man die nackte Erde leicht. Schneiden Sie nun ein gleich großes Rasenquadrat von einer anderen Stelle aus und passen Sie es hier ein.

**Eine kahle Stelle neu ansäen** Reparatursaaten werden am besten im Frühjahr oder Herbst durchgeführt. Lockern Sie das Erdreich der kahlen Stelle und rechen Sie es eben, sodass es sich auf einer Höhe mit dem übrigen Rasen befindet. Ist die Stelle abgesenkt, wird Topdressing aufgefüllt. Säen Sie die vorbereitete Fläche nun in der vom Hersteller empfohlenen Dichte an. Versuchen Sie, eine Mischung zu bekommen, die sich für die Bedingungen in Ihrem Garten eignet, denn möglicherweise hat das Gras nur deshalb gelitten, weil von Anfang an das falsche Saatgut zum Einsatz kam. Es gibt Schattenrasen, Strapazierrasen und sogar Mischungen für feuchte Standorte. Wässern Sie während der Keimung gut und spannen Sie bei Bedarf Netze zum Schutz vor herabfallendem Laub oder hungrigen Vögeln.

**Kahle Stellen reparieren** Rasenflächen werden mitunter fleckig und bekommen kahle Stellen, wenn sie im Schatten liegen – etwa unter Bäumen, am Rand von Hochbeeten oder dort, wo eine Saumbepflanzung in den Rasen hineinragt. Solche unschönen Flecken müssen regelmäßig repariert werden. Entfernen Sie die geschädigte Stelle mit einem Kantenstecher oder Spaten und rechen Sie das nackte Erdreich eben; vielleicht müssen Sie mit Topdressing nivellieren. Dann wird der kahle Fleck mit Schattenrasen neu angesät und gut gewässert. Eine weitere Möglichkeit, kahle Stellen zu reparieren, ist das Ersetzen der geschädigten Sode mit einem gleich großen Stück von einer anderen Stelle. Vergewissern Sie sich, wo Rasen im Garten gut im Schatten wächst und verpflanzen Sie Stücke von dort.

# Wiesen mähen

Wiesen schmücken den ganzen Sommer über mit ihren Blüten und Samenständen. Damit sie das jedes Jahr aufs Neue tun, müssen sie jährlich gemäht werden. Wählen Sie dafür einen trockenen Tag gegen Ende des Sommers.

**Tipp**

Vor dem Mähen schüttelt man reife Samen aus den Samenständen. Das gewährleistet, dass für die Wiese im nächsten Jahr reichlich Samen im Boden vorhanden sind.

# Wiesen mähen

**1** Mähen Sie Gräser und Wildblumen mit einer Sense. Dabei halten Sie das Blatt immer weit weg vom Körper, um Verletzungen zu vermeiden. Die Klinge muss immer gut scharf sein. Schneiden Sie auf etwa 6 cm Höhe zurück.

**2** Mit einem Heurechen häufeln Sie den Schnitt auf. Die Haufen sollten ein paar Tage lang auf der Wiese liegen bleiben, damit noch einige Samen herausfallen und darin enthaltene Tiere flüchten können.

## Alternative

**3** Räumen Sie das Gras nach einigen Tagen weg, sonst bildet sich eine Matte aus Heu, die die Pflanzen darunter erstickt. Zudem erhöht der Schnitt den Nährstoffgehalt des Bodens, sodass derbere Gräser die Wildblumen verdrängen können.

Auf kleinen Flächen braucht man sich nicht unbedingt eine Sense anzuschaffen – man kann das Gras auch mit einer Heckenschere stutzen. Für große Wiesen lohnt sich vielleicht die Anschaffung einer Motorsense, die das Mähen wesentlich erleichtert.

# Jäten

Ein paar Unkräuter kann man in den meisten Rasenflächen hinnehmen. Sie erhöhen den Artenreichtum und locken Nützlinge wie Bienen und Schmetterlinge an. Viele aber sehen unschön aus und können sich rasch ausbreiten, wenn man nicht sofort gegen sie angeht.

### Warum jäten?

Manche Unkräuter nehmen einen Rasen in Kürze ein, wenn man sie nicht bekämpft. Viele sind auch wüchsiger als Gräser und verdrängen sie im Handumdrehen oder breiten sich wie z. B. Löwenzahn auf nahe Blumenbeete aus. Wenn einjährige Unkräuter eingehen, hinterlassen sie außerdem kahle Stellen im Rasen. Es ist alles andere als angenehm, auf Disteln zu treten oder sich daraufzusetzen. Wenn Sie wissen, mit welchem Unkrauttyp Sie es zu tun haben, können Sie gezielt dagegen vorgehen.

## Typen von Unkräutern

**Einjährige** Obwohl Unkräuter wie Greiskraut und Sternmiere innerhalb eines Jahres blühen und absterben, können sie einen Garten rasch besiedeln. Man rupft sie mit der Hand aus, da sie kein so ausgedehntes Wurzelsystem wie mehrjährige Arten haben.

**Unkräuter mit Knollen** Pflanzen wie Sauerklee (*oben*) und Hahnenfuß entwickeln ein kräftiges System aus Wurzelknollen im Boden, die man nur schwer wieder loswird. Oft lassen sie sich nur mit synthetischen Mitteln (Herbiziden) wirksam bekämpfen.

**Mehrjährige** Rasenunkräuter wie Löwenzahn, Gänseblümchen und Disteln (*oben*) erscheinen jedes Jahr aufs Neue. Sie haben meist ein ausgedehntes Wurzelsystem und sind schwer auszumerzen, da sie selbst aus kleinen Wurzelstückchen neu austreiben.

## Unkrautbekämpfung

**Unkrautfolie** Das Abdecken des Bodens mit einer Unkraut unterdrückenden Folie verhindert, dass lästige Kräuter keimen. Ein Verlegen ist aber nur auf nackter Erde möglich, nicht auf Rasenflächen. Mit Folien kann man außerdem den Boden vor der Aussaat von Rasen erwärmen.

**Vorbeugendes Spritzen** Das Tränken des Bodens mit Kontaktherbiziden vor der Aussaat verhindert, dass Unkrautsamen keimen, ist aber nur auf nacktem Erdreich möglich, nicht auf etabliertem Rasen. Halten Sie sich bei der Dosierung und Anwendung exakt an die Angaben des Herstellers.

**Gabel** Das Jäten mit einer Gabel ist eine wirksame Bekämpfungsmethode, denn es verhindert, dass die Wurzeln zerstückelt werden, was mehrjährige Unkräuter nur noch vervielfältigt. Handgabeln setzt man bei einzelnen Horsten im Rasen ein, Grabegabeln beim Vorbereiten großer Flächen.

**Unkrautstecher** Mit ihm kommt man tief in die Erde und kann mehrjährige Unkräuter wie Gänseblümchen und Löwenzahn mit der gesamten Pfahlwurzel herausstechen. Dank der schmalen, kompakten Form verursacht der Stecher nur minimalen Schaden in Rasenflächen.

**Selektive Herbizide** Sie werden auf Rasen gespritzt und töten nur zweikeimblättrige Kräuter, ohne die Gräser zu schädigen. Man bekommt sie als Fertigpräparat oder als Konzentrat, das vor dem Ausbringen verdünnt werden muss. Tragen Sie beim Ausbringen immer Schutzkleidung.

**Systemische Herbizide** Das Auftragen systemischer Mittel auf einzelne Rasenkräuter ist etwas mühsam, aber gerade auf kleinen Flächen eine gute Methode. Die Chemikalien werden über die Blätter aufgenommen, dringen in das Wurzelsystem ein und führen zum Absterben der Pflanze.

## Häufige Unkräuter

**Wiesen-Schafgarbe**
(*Achillea millefolium*)
Das verbreitete Unkraut trägt Scheindolden aus weißen Blütenköpfchen und schmale, gefiederte Blätter, die beim Zerreiben duften. Es gedeiht an trockenen, sandigen Plätzen und zeigt oft Nährstoffmangel im Boden an. Man reißt es mit den Rhizomen aus.

**Höhe**: 50 cm, **Breite**: 30 cm

**Gänseblümchen**
(*Bellis perennis*)
Die Blumen aus weißen Randblüten und gelben Röhrenblüten in der Mitte kennzeichnen das häufigste Rasenunkraut. Die grünen, spatelförmigen Blätter bilden Rosetten im Gras. Selbst Mähen macht ihnen nichts aus, weshalb man sie ausstechen muss.

**Höhe**: 10 cm, **Breite**: 15 cm

**Acker-Kratzdistel**
(*Cirsium arvense*)
Dieses Unkraut bereitet oft auf frisch angesäten Flächen oder nackter Erde Probleme. Es trägt hellviolette Blütenstände und stachelige, gewelltrandige Blätter, die unangenehm stechen können. Man gräbt sie mit einer Gabel oder einem Unkrautstecher aus.

**Höhe**: 1,2 m, **Breite**: 50 cm

**Gewöhnlicher Gundermann**
(*Glechoma hederacea*)
Das Ausläufer treibende, mehrjährige Unkraut fällt durch blauviolette Blüten hoch über glänzenden, runden, gekerbten, duftenden Blättern mit ausgeprägtem Adernetz ins Auge. Bei Bedarf bekämpft man die Pflanze mit einem zugelassenen Herbizid.

**Höhe**: 25 cm, **Breite**: 40 cm

**Breit-Wegerich**
(*Plantago major*)
Unter den breiten, eiförmigen Blättern mit deutlichen Rippen gehen Gräser bald ein. Die grünlich grauen Blüten stehen an einem einzelnen Stängel. Man gräbt den Breit-Wegerich aus und mäht häufig, um seine Ausbreitung durch Samen zu verhindern.

**Höhe**: 15 cm, **Breite**: 20 cm

**Gewöhnliche Braunelle**
(*Prunella vulgaris*)
Der mehrjährige Lippenblütler breitet sich auf Rasenflächen rasch mit unterirdischen Ausläufern aus. Er hat hübsche blauviolette Blüten mit großer Oberlippe und paarig stehende Blätter an kantigen Stängeln. Setzen Sie ein zugelassenes Herbizid ein.

**Höhe**: 20 cm, **B**: 30 cm

Häufige Unkräuter 111

**Kriechender Hahnenfuß**
(*Ranunculus repens*)
Die »Butterblume« deutet auf verdichtete, feuchte Böden hin. Sie breitet sich mit unterirdischen Rhizomen aus und trägt leuchtend gelbe Blüten an aufrechten Stängeln sowie dreilappige, gezähnte Blätter. Größere Pflanzen werden ausgegraben.

**Höhe**: 60 cm, **Breite**: 50 cm

**Kleiner Sauerampfer**
(*Rumex acetosella*)
Das mehrjährige Kraut besiedelt bevorzugt trockene, saure Böden, es fällt durch ungewöhnliche, pfeilförmige Blätter ins Auge. Aus den kleinen grünen Blüten entwickeln sich rosarote Samenstände. Graben Sie die Pflanze mit der gesamten Pfahlwurzel aus.

**Höhe**: 25 cm, **Breite**: 40 cm

**Gewöhnliches Jakobs-Greiskraut**
(*Senecio jacobaea*)
Das zweijährige Unkraut hat bläulich grüne, gelappte Blätter und gelbe, sternförmige Blütenköpfchen. Es sät sich sehr stark aus und sollte daher so früh wie möglich mit einer Gabel herausgenommen werden. Weil es giftig ist, trägt man Handschuhe.

**Höhe**: 80 cm, **Breite**: 30 cm

**Gewöhnlicher Löwenzahn**
(*Taraxacum officinale*)
Der einzeln stehende, leuchtend gelbe Blütenkopf verwandelt sich in einen Ball aus weißen, duftigen Samenständen. Das mehrjährige Kraut trägt glänzende, grob gezähnte Blätter. Jätet man es, muss man es mitsamt der ganzen Pfahlwurzel herausnehmen.

**Höhe**: 30 cm, **Breite**: 20 cm

**Weiß-Klee**
(*Trifolium repens*)
Das häufige Rasenunkraut kommt auf nährstoffreichen Böden vor. Es trägt kleine, dreiteilige Blätter und weiße oder rötliche Blüten. Da es sich über Ausläufer ausbreitet, kann es einen Rasen rasch durchziehen. Man recht den Klee aus und mäht anschließend.

**Höhe**: 20 cm, **Breite**: 40 cm

**Faden-Ehrenpreis**
(*Veronica filiformis*)
Die zunächst nierenförmigen Blätter dieses mehrjährigen Unkrauts werden mit der Zeit rundlich und gesägt. Die Art ähnelt dem Gundermann, trägt ebenfalls blauviolette Blüten und breitet sich durch Ausläufer aus. Man entfernt es mit einer Hacke.

**Höhe**: 10 cm, **Breite**: 50 cm

# Krankheiten und Schädlinge

Rasen kann aus vielerlei Gründen anfällig für Krankheiten und Schädlinge werden, etwa wenn die Luft nicht mehr ausreichend zirkuliert, die Dränage schlecht ist oder der Nährstoffgehalt und pH-Wert des Bodens nicht stimmen. Einige Gräser sind zudem empfindlicher als andere. Manchmal reicht schon schlechtes Wetter.

**Gesunder Rasen** Vorbeugen ist besser als heilen. Da für Hobbygärtner Pflanzenschutzmittel nur begrenzt verfügbar sind, sollte man schon vorab versuchen, das Risiko eines Befalls zu minimieren. Regelmäßiges Mähen hält das Gras gesund und kräftig, das Wegräumen des Schnitts verhindert die Ansammlung von Pilzsporen. Düngen Sie im Herbst nicht stickstoffbetont. Das würde üppigen Wuchs fördern, der anfällig für Schneeschimmel, Rost und andere Pilzkrankheiten ist.
**Vorbeugung** Die meisten Pilzkrankheiten entstehen bei schlechter Belüftung und hoher Feuchtigkeit. Man kann das Risiko verringern, indem man den Rasen regelmäßig vertikutiert, um Filz zu entfernen. Die Luftzirkulation lässt sich außerdem durch einen Schnitt überhängender Gehölze verbessern. Mit einer Rasengerte (siehe S. 94) fegen Sie überschüssiges Nass von den Halmen, während das Aerifizieren verdichteten Boden lockert und Luft zu den Wurzeln kommen lässt.

### Schleimpilze
Sie treten überwiegend im Spätsommer und Herbst auf und schädigen das Gras eigentlich nicht, sind aber unansehnlich und eklig, wenn man sich daraufsetzt. Gegenmaßnahmen gibt es nicht, doch kann man das Befallsrisiko durch regelmäßiges Aerifizieren und Vertikutieren mindern. Die Pilze entfernt man durch Abspritzen mit einem Wasserstrahl.

### Rotspitzigkeit
Durch die wohl häufigste Rasenkrankheit färbt sich das Gras rot, wird dann braun und stirbt ab. Oft steckt Stickstoffmangel dahinter, weshalb man mit Ammoniumsulfat düngt, sobald die ersten Symptome auftreten. Am schlimmsten ist ein Befall nach nassen Sommern und Herbsten. Regelmäßiges Aerifizieren und Vertikutieren verbessern die Durchlüftung.

### Rost
Die Krankheit breitet sich rasch in Rasenflächen aus und verursacht gelb verfärbte Stellen. Von Nahem kann man orangefarbene Pusteln auf den Blättern erkennen. Es stehen keine Bekämpfungsmittel zur Verfügung, doch wird die Ausbreitung durch regelmäßiges Mähen und Wegrechen von Grasschnitt verhindert. Düngen Sie im Herbst nicht stickstoffbetont.

### Schneeschimmel
Die Pilzkrankheit tritt häufig in der kalten Jahreszeit bzw. nach Schneefall auf. Es zeigen sich gelbe oder braune Flecken im Rasen, die von einem spinnwebenähnlichen weißen, mitunter auch rosa Belag überzogen sind. Sie werden schnell größer und können den ganzen Rasen zum Absterben bringen. Vertikutieren und mäßige Stickstoffdüngung mindern das Risiko.

# Krankheiten und Schädlinge

### Ameisen
Ameisenhügel verunstalten einen Rasen. Wenn man sie nicht hinnehmen will, kann man den Nematoden *Steinernema feltiae* als biologisches Mittel einsetzen, das man im Versandhandel bekommt. Ameisenpulver und Sprays sind in der Regel für die Verwendung in Gebäuden gedacht und im Freiland nicht so wirksam, da die Nester tief in den Boden reichen.

### Laubkäferlarven
Die wenig ansehnlichen Larven der Gartenlaubkäfer fressen nicht nur Graswurzeln an und die Grasnarbe hebt sich ab. Es entstehen weitere Schäden, weil Dachse und Vögel auf der Suche nach Futter die Grasnarbe aufreißen. Zur Bekämpfung stehen pathogene Nematoden zur Verfügung, die man im Versandhandel bei Nützlingsanbietern bestellen kann.

### Hexenringe
Sie erscheinen oft als unregelmäßige, abgestorbene Kreise im Rasen oder als ein Ring aus Pilzen. Hobbygärtnern stehen chemische Bekämpfungsmittel nicht zur Verfügung, weshalb man, sofern überhaupt möglich, den befallenen Bereich bis in eine Tiefe von 30 cm ausgräbt, durch gesunden Oberboden ersetzt und anschließend neu ansät oder Rollrasen verlegt.

### Schnakenlarven
Die Larven von Schnaken (*Tipula*-Arten) verursachen gelbe oder braune Flecken auf der Rasenoberfläche, da sie die Wurzeln darunter anfressen. Hinzu kommt, dass Vögel nach ihnen graben und die Grasnarbe dabei aufreißen. Bekämpft werden die Maden, indem man den Rasen mit Folie abdeckt. Danach kommen sie an die Oberfläche. Den Rest erledigen Vögel.

### Maulwürfe
Wenn Maulwürfe auf der Suche nach Würmern und Larven Gänge in den Boden graben und die Erde auf der Oberfläche deponieren, entstehen Maulwurfshügel. Sie erschweren das Mähen, verursachen kahle Stellen, auf denen Unkraut wächst, der Rasen wird instabil. Maulwürfe stehen unter Naturschutz. Werden sie häufig gestört, ziehen sich die Tiere zurück.

### Regenwurmhäufchen
Die Häufchen, die Regenwürmer auf dem Rasen hinterlassen, wirken unansehnlich. Man kehrt sie fort, sobald sie getrocknet sind, sonst werden sie beim Mähen zur schmierigen Masse und bringen das Gras darunter zum Absterben. Wässern Sie nicht zu stark, denn Regenwürmer mögen es feucht. Die wertvolle Wurmerde ist ausgesprochen nährstoffreich.

# Pflanzen im Porträt

In diesem Pflanzenverzeichnis finden Sie die wichtigsten Rasen- und Wiesengräser, Wildblumen, Zwiebelpflanzen und Bodendecker. Sie sind übersichtlich nach ihren Ansprüchen geordnet, sodass Sie geeignete Arten für Ihren Garten auswählen können. Die Symbole geben Auskunft über die bevorzugten Wachstumsbedingungen jeder Pflanze.

## Erklärung der Symbole

⚱ Ausgezeichnet mit dem »Award of Garden Merit« der Royal Horticultural Society

### Bevorzugtes Substrat

◊ Durchlässiger Boden
◊ Frischer Boden
● Feuchter Boden

### Lichtansprüche

☼ Volle Sonne
☀ Halbschatten
☀ Schatten

### Winterhärte

❋❋❋ Völlig winterhart
❋❋ Kann in milden Regionen oder an geschützten Plätzen im Freien überwintern
❋ Braucht guten Winterschutz

# Rasengräser

## Agrostis capillaris

Das Rote Straußgras kommt in Zierrasen und Blumenwiesen zum Einsatz. Es ist wegen seiner feinen Blätter und des schönen Wuchses sehr beliebt. In formalen Pflanzungen kombiniert man es oft mit Schwingel. Es verträgt einen Rückschnitt auf wenige Millimeter.

**Höhe**: 50 cm, **Breite**: 30 cm
❀❀❀ ☼ ☼ ◊ ◆

## Festuca ovina

Auf Schafweiden ist der Gewöhnliche Schaf-Schwingel oft zu finden, doch weil er sich so dicht bestockt, eignet er sich auch für Rasenmischungen. Er verträgt Trockenheit, gedeiht in durchlässigen, leicht sauren, kargen Böden und trägt borstiges, graugrünes Laub.

**Höhe**: 40 cm, **Breite**: 15 cm
❀❀❀ ☼ ☼ ◊

## Festuca rubra

Mit seinen schmalen, nadelartigen Blättern wird der schlanke, kriechende Rot-Schwingel sehr gern in formalem Rasen eingesetzt. Durch seinen kriechenden Wuchs bildet er eine dichte Decke. Man kombiniert ihn für Zierrasen bevorzugt mit *Agrostis capillaris*.

**Höhe**: 50 cm, **Breite**: 15 cm
❀❀❀ ☼ ☼ ◊ ◆

## Holcus lanatus

Das sehr wüchsige, robuste Wollige Honiggras ist zwar häufiger Bestandteil vieler Rasen, aber wegen seiner groben, behaarten Blätter nicht unbedingt erste Wahl. In Wiesen neigt es dazu, Wildblumen zu verdrängen, trägt aber dekorative Samenstände.

**Höhe**: 80 cm, **Breite**: 25 cm
❀❀❀ ☼ ☼ ◊ ◆

## Rasengräser

### Lolium perenne
Das belastbare, zähe, schnell wachsende Deutsche Weidelgras wird oft für Sport- und Strapazierrasen verwendet. Normalerweise schneidet man es nicht kürzer als 30 mm, doch neue, feinblättrige Zwergsorten vertragen einen Rückschnitt auf 5 mm.

**Höhe**: 80 cm, **Breite**: 25 cm

### Phleum pratense
Raue, breite Blätter und dicht besetzte, bis 15 cm lange Samenstände sind die Merkmale des Wiesen-Lieschgrases. Es ist strapazierfähig und eignet sich für belasteten Rasen, darf aber nicht kurz gemäht werden und ist somit nichts für Zierrasen.

**Höhe**: 1 m, **Breite**: 25 cm

### Agrostis stolonifera
Das Weiße Straußgras ist ein beliebtes mehrjähriges Gras und oft in Mischungen zu finden. Es wächst an unterschiedlichsten Standorten, auf Lehm- und Tonböden oder als Pionierpflanze. Durch seinen kriechenden Wuchs entsteht eine dichte Rasendecke.

**Höhe**: 30 cm, **Breite**: 15 cm

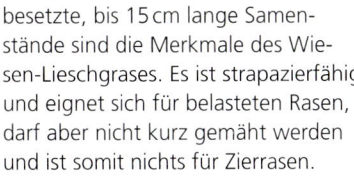

### Festuca arundinacea
Der Gewöhnliche Rohr-Schwingel wird immer häufiger als Rasenbestandteil in öffentlichen Parks und Sportstadien eingesetzt. Dank seiner tief wurzelnden Rhizome verträgt er Verdichtung, Trockenheit und Staunässe. Man mäht in auf 20 mm Höhe.

**Höhe**: 60 cm, **Breite**: 20 cm

### Festuca rubra subsp. commutata
Der Rot-Schwingel fällt durch eine feine, nadelartige Struktur mit hoher Triebdichte auf. Er wächst leicht ein, kann kurz gemäht werden und hält das ganze Jahr eine gute Farbe. Zudem zeichnet ihn eine gewisse Schattentoleranz und Krankheitsresistenz aus.

**Höhe**: 40 cm, **Breite**: 15 cm

### Poa annua
Obwohl das Einjährige Rispengras oft in Rasen vorkommt, gilt es mitunter als Unkraut. Es sieht zwar gut aus, weil es dicht grün wächst, bildet aber viele Samenstände auf geringer Höhe, wird schnell gelb und stirbt ab, wodurch unschöne kahle Stellen entstehen.

**Höhe**: 25 cm, **Breite**: 10 cm

### Poa pratensis
Man kombiniert das Wiesen-Rispengras oft mit Weidelgras und setzt es in Strapazier-, Gebrauchs- und Sportrasen ein, da es eine hohe Beanspruchung verträgt. Empfehlenswert ist es ferner für Spielbereiche, abschüssiges Gelände und Böschungen.

**Höhe**: 65 cm, **Breite**: 20 cm

### Poa trivialis
Das eher grobe Gewöhnliche Rispengras findet sich häufig in Sport- und Strapazierrasen, schließlich zeichnet es sich durch Robustheit und Belastbarkeit aus. Man findet es ferner in Wiesen und auf Weideland mit nährstoffreichen Böden.

**Höhe**: 50 cm, **Breite**: 15 cm

# Wiesengräser

### Anthoxanthum odoratum
Das kurze Gewöhnliche Ruchgras gehört zu den ersten Gräsern, die blühen: Zwischen April und Juni erscheint eine hübsche bräunlich gelbe Rispe. Wenn es gemäht wird, duftet das Heu angenehm.

**Höhe**: 30 cm, **Breite**: 30 cm

### Briza media
Es gehört zu den schönsten Wiesengräsern überhaupt: Das Mittlere Zittergras reckt Rispen aus zarten, hängenden, rötlich überzogenen Ährchen in die Höhe, die im Wind zittern. Seine grünen Samenstände färben sich im Lauf des Sommers langsam gelb.

**Höhe**: 40 cm, **Breite**: 50 cm

### Cynosurus cristatus
Als typische Graslandart verträgt das Wiesen-Kammgras nährstoffarme Böden. Mit seinem leicht büscheligen Wuchs, dem dekorativen, hellgrünen Laub und den eleganten, auf einer Seite flachen Ähren wertet es jede Wiese auf.

**Höhe**: 50 cm, **Breite**: 50 cm

### Koeleria macrantha
Grasländer sind der angestammte Lebensraum des Zierlichen Schillergrases. Die Staude bestockt gut und bildet lange, sehr schmale Blätter. Wie *Cynosurus cristatus* sind seine Samenstände auf einer Seite flach und sehen wie ein Kamm aus.

**Höhe**: 40 cm, **Breite**: 30 cm

### Phleum bertolonii
Das Knollige Lieschgras verträgt die verschiedensten Böden von Sand bis Ton, gedeiht aber an kühlen, feuchten Standorten am besten. Es hat hübsche zylindrische Blütenstände und ähnelt sehr stark *Phleum pratense*, ist allerdings etwas schmaler.

**Höhe**: 30 cm, **Breite**: 30 cm

### Trisetum flavescens
Der Gewöhnliche Wiesen-Goldhafer ist eine mittelgroße Staude. Er bevorzugt Kalkböden, gedeiht an nährstoffarmen Standorten und verträgt mehr Wassermangel als die meisten anderen Gräser. Sehr dekorativ sind seine zarten gelben, haferartigen Blütenstände.

**Höhe**: 50 cm, **Breite**: 50 cm

# Blüten für Nützlinge

### Echium vulgare 'Blue Bedder'
Der Gewöhnliche Natternkopf trägt attraktive rosa Knospen, die sich zu blauen Blüten öffnen. Er bevorzugt kalkhaltige, leichte Böden. Die Blüten üben eine enorme Anziehungskraft auf Schmetterlinge, Bienen und andere Insekten aus.

**Höhe**: 50 cm, **Breite**: 40 cm

### Leontodon hispidus
Der Gewöhnliche Raue Löwenzahn kommt in Grasland auf kalkhaltigen Böden vor. Seine leuchtend gelben Blumen ähneln denen des eigentlichen Löwenzahns. Sie stehen allein an behaarten Stängeln mit einem grundständigen Büschel behaarter Blätter.

**Höhe**: 35 cm, **Breite**: 20 cm

### Lotus corniculatus
Der Gewöhnliche Hornklee entwickelt im Frühjahr und Sommer ansehnliche gelbe Schmetterlingsblüten, aus denen schwarze Hülsen reifen. Er verträgt die unterschiedlichsten Bodenbedingungen, bleibt unter ungünstigen Bedingungen aber kleiner.

**Höhe**: 50 cm, **Breite**: 40 cm

### Malva moschata
Brachland, Waldränder, Grasland und Hecken sind die Lebensräume der Moschus-Malve. Sie hat weiße bis rosa Blüten und in linealische Zipfel geteilte Blätter, die leicht nach Moschus duften. Die Pflanze findet Verwendung in der traditionellen Kräuterheilkunde.

**Höhe**: 75 cm, **Breite**: 60 cm

### Origanum vulgare
Der Gewöhnliche Dost, die Wildform des Majorans, kommt vor allem an vollsonnigen Standorten in Grasland vor. Der Lippenblütler trägt stark duftendes Laub. Aus violetten Knospen öffnen sich rosa und weiße Blüten in dichten Scheinrispen.

**Höhe**: 50 cm, **Breite**: 50 cm

### Trifolium pratense
Viele Hummelarten lieben den Rot-Klee. Er bevorzugt Grasland und natürliche Heuwiesen. Zwischen Asketen unter den Wildblumen kann er Probleme bereiten, da seine Wurzeln Stickstoff binden und so den Nährstoffgehalt des Bodens erhöhen.

**Höhe**: 40 cm, **Breite**: 30 cm

# Stauden für Blumenwiesen

### Campanula latifolia
Die auch als Rabattenstaude beliebte Wald-Glockenblume hat einen aufrechten Wuchs und trägt hellviolette Glockenblüten. Das gezähnte Laub erinnert an das von Brennnesseln, ist aber länglicher und brennt nicht. Die Pflanze bevorzugt Hecken und Wälder.

**Höhe**: 1 m, **Breite**: 60 cm
❀❀❀ ◊ ◊ ☼ ☀

### Centaurea nigra
Die Schwarze Flockenblume besitzt ansehnliche rosaviolette, distelartige Blütenstände und lange, lanzettliche Blätter. Sie ist ideal für naturnahe Gärten und eine gute Nektarquelle für Insekten, während die Samenstände Vögeln im Winter Nahrung bieten.

**Höhe**: 80 cm, **Breite**: 40 cm
❀❀❀ ◊ ◊ ☼ ☀

### Centaurea scabiosa
Als wertvolle Nektarquelle für Bienen und Schmetterlinge hat die Skabiosen-Flockenblume einen festen Platz in Blumenwiesen. Sie trägt rosaviolette, distelartige Blüten an langen Stängeln und fiederspaltige Blätter mit breit lanzettlichen Abschnitten.

**Höhe**: 1 m, **Breite**: 60 cm
❀❀❀ ◊ ◊ ☼ ☀

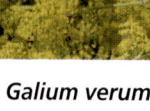

### Daucus carota
Die Wilde Möhre ähnelt dem Wiesen-Kerbel und wächst zweijährig. Ihre spitzenartigen Dolden sind meist weiß, haben aber manchmal auch einen rosa Ton. Die Pflanze bevorzugt magere, stark durchlässige Böden und verträgt dank ihrer Pfahlwurzel Trockenheit.

**Höhe**: 80 cm, **Breite**: 70 cm
❀❀❀ ◊ ◊ ☼ ☀

### Galium verum
Mit ihren dichten Ständen aus goldgelben Blüten hoch über charakteristischen kantigen Stängeln ist das Echte Labkraut eine Bereicherung für Wiesen. Es wächst zum Teil niederliegend und wurzelt dort ein, wo ihre Stängel mit dem Boden in Berührung kommen.

**Höhe**: 40 cm, **Breite**: 20 cm
❀❀❀ ◊ ◊ ☼ ☀

Stauden für Blumenwiesen 121

### Geranium pratense
Der Wiesen-Storchschnabel zeichnet sich durch hübsche, geäderte, lila-blaue oder weiße Blüten und doppelt fiederspaltige, 5- bis 7-lappige Blätter aus. Er kommt vor allem auf rauem Grasland, feuchten Heuwiesen und schwach begrasten Weiden vor.

**Höhe**: 75 cm, **Breite**: 50 cm

### Knautia arvensis
Die Wiesen-Witwenblume wächst als Zweijährige oder Staude. Die farbliche Bandbreite ihrer Blüten reicht von Hell-lila bis Violettblau. Ihre Blütenköpfchen stehen hoch über verzweigten Stängeln. Sie sind eine gute Nektarquelle für Schmetterlinge und Bienen.

**Höhe**: 60 cm, **Breite**: 50 cm

### Lathyrus pratensis
Die zu den Schmetterlingsblütlern gehörende Wiesen-Platterbse trägt den Sommer über gelbe Blüten, aus denen sich als Früchte schwarze Hülsen entwickeln. An den Stängeln stehen Ranken und paarige Blätter. Ihr Lebensraum sind Hecken und Wiesen.

**Höhe**: 50 cm, **Breite**: 40 cm

### Leucanthemum vulgare
Auf Böschungen und aufgebrochenem Boden ist die Magerwiesen-Margerite ein vertrauter Anblick. Ihre Körbchen aus weißen Strahlenblüten und gelben Scheibenblüten stehen einzeln an Stängeln. Das dunkelgrüne, spatelförmige, gezähnte Laub bildet eine Rosette.

**Höhe**: 70 cm, **Breite**: 40 cm

### Linaria vulgaris
Der unverkennbare, recht hübsche Frauenflachs fällt durch hohe, zylindrische Trauben aus blassgelben Blüten mit dunkelgelbem Fleck auf der Unterlippe ins Auge. Er trägt schmal lanzettliches, graugrünes Laub.

**Höhe**: 40 cm, **Breite**: 30 cm

# Einjährige für Blumenwiesen

### Agrostemma githago
Mit ihren fünfzähligen, pinkfarbenen Blüten macht die einjährige Kornrade, ein Enziangewächs, den Sommer bunter. Sie war früher eine häufige Wildblume auf Feldern, ist heute aber wegen der intensiven Landwirtschaft seltener geworden.

**Höhe**: 70 cm, **Breite**: 40 cm

### Anthemis arvensis
Als klassische Wiesenblume ist die Acker-Hundskamille ideal zum Verwildern in Blumenwiesen oder als Bestandteil einer Feldblumenmischung mit Kornrade, Kornblume und Saat-Wucherblume. Sie öffnet große weiße Blütenkörbchen mit gelber Scheibe.

**Höhe**: 50 cm, **Breite**: 40 cm

### Atriplex hortensis
Die Garten-Melde ist eine interessante Bereicherung von Mischungen aus Wildblumen. Sie wächst hoch und aufrecht. Ihre tiefvioletten bis rötlichen Blätter und die violetten Blüten bilden einen auffälligen Kontrast zu benachbarten Blumen.

**Höhe**: 2 m, **Breite**: 1 m

### Centaurea cyanus
Am Rand von Feldern war die Kornblume früher ein häufiger Anblick, inzwischen aber ist sie immer seltener anzutreffen. Ihre Blütenkörbchen setzen sich aus pastellblauen äußeren Strahlenblüten und rotvioletten Scheibenblüten zusammen.

**Höhe**: 60 cm, **Breite**: 40 cm

### Coreopsis tinctoria
Mit seinen strahlenden Blüten setzt das Färber-Mädchenauge unübersehbare Farbtupfer in jeder Blumenwiese. Während die Zungenblüten intensiv gelb leuchten, ist die Scheibe bronze- bis mahagonirot gefärbt. Die Einjährige blüht von Juli bis September.

**Höhe**: 60 cm, **Breite**: 40 cm

### Eschscholzia californica
Das wüchsige Schlafmützchen trägt gefiedertes Laub und einfache Blüten in allerlei Farben von Gelb über Orange bis Rot. Später erscheinen dekorative gebogene Früchte. Weil es sich in Wiesen selbst aussät, kann man es jedes Jahr aufs Neue genießen.

**Höhe**: 40 cm, **Breite**: 20 cm

Einjährige für Blumenwiesen 123

### Glebionis segetum
Mit ihren leuchtend goldgelben Blütenkörbchen, der langen Blütezeit und dem farnartigen, graugrünen Laub ist die Saat-Wucherblume eine Bereicherung für Wiesenpflanzungen. Sie entwickelt sich schnell und blüht über eine lange Zeit hinweg.

**Höhe**: 70 cm, **Breite**: 40 cm
❀❀ ◊ ◊ ☼

### Helianthus annuus
Die Gewöhnliche Sonnenblume ist durch ihre auffallenden, großen Blumen mit leuchtend gelben Randblüten unverkennbar. Die Auswahl an Sorten ist groß – manche werden weit über 2 m hoch. Für Wiesen eignen sich aber nur die kleineren Formen.

**Höhe**: 2 m, **Breite**: 50 cm
❀❀❀ ◊ ◊ ☼

### Nigella damascena
Die Jungfer im Grünen gedeiht an felsigen Hängen, wächst aber fast überall und sät sich bereitwillig selbst aus. Ihre zarten Blüten in Weiß oder Blautönen erscheinen im Sommer und werden von einem Geflecht aus gefiedertem Laub eingefasst.

**Höhe**: 60 cm, **Breite**: 20 cm
❀❀❀ ◊ ☼

### Papaver rhoeas
Ein Feld, dicht besetzt mit roten Mohnblumen ist ein großartiger Anblick. Die Blüten mit schwarzer Mitte stehen an hohen, dünnen Stängeln. Der Klatsch-Mohn trägt tief fiederspaltige Blätter. Die Samen können im Boden jahrelang schlummern.

**Höhe**: 1 m, **Breite**: 30 cm
❀❀❀ ◊ ◊ ☼

### Rhinanthus minor
Als Halbparasit wird der Kleine Klappertopf oft eingesetzt, um die Wüchsigkeit derber Wiesengräser zu beschränken, damit andere Pflanzen eine Chance haben. Auf die gelben Schmetterlingsblüten folgen papierne Samenstände, die im Wind rasseln.

**Höhe**: 30 cm, **Breite**: 15 cm
❀❀❀ ◊ ☼

### Verbena bonariensis
Eigentlich ist das Patagonische Eisenkraut eine kurzlebige Staude, aber weil es nicht ganz winterhart ist, zieht man es einjährig. Die rundlichen, lila-violetten Blüten an hohen, kantigen Stängeln werden gern von Bienen und Schmetterlingen angeflogen.

**Höhe**: 1,3 m, **Breite**: 40 cm
❀ ◊ ☼ ⚱

# Waldblumen

### Agrimonia eupatoria
Der Kleine Odermennig ist eine aufrechte Staude mit langen gelben Blütenständen. Er kommt häufig in Hecken, auf Grasland und an Straßenböschungen vor und verträgt lichten Schatten. Als Arzneipflanze wurde er einst für die Wundheilung eingesetzt.

**Höhe**: 50 cm, **Breite**: 30 cm

### Alliaria petiolata
Hecken und Waldränder sind der angestammte Lebensraum der Gewöhnlichen Knoblauchsrauke. Ihre herzförmigen, gezähnten, wechselständigen Blätter riechen schwach nach Knoblauch. Auf die kleinen weißen Blüten folgen lange, gerippte Schoten.

**Höhe**: 60 cm, **Breite**: 30 cm

### Betonica officinalis
Der Echte Ziest bevorzugt leicht saure, feuchte Böden. Er gehört zu den Lippenblütlern und trägt gebuchtete, längliche Blätter, die paarig am Stängel stehen. Seine violetten, gelegentlich weißen Blüten stehen in ährigen Blütenständen.

**Höhe**: 30 cm, **Breite**: 20 cm

### Digitalis purpurea
Die verbreitete Waldblume ist eine hohe, schlanke Zweijährige oder kurzlebige Staude. Die hohen Blütenstände bestehen aus violettrosa, im Schlund gefleckten Röhrenblüten. Blätter, Samen und Blüten des Roten Fingerhuts sind für Menschen giftig.

**Höhe**: 1,2 m, **Breite**: 40 cm

### Filipendula ulmaria
Das Echte Mädesüß, eine hohe Staude, bevorzugt feuchte oder nasse Verhältnisse. Es trägt Wolken kleiner cremefarbener Blüten, die süß duften. Man findet die Art häufig in Wiesen, doch wächst sie auch in schattigen Hecken und im lichten Schatten.

**Höhe**: 90 cm, **Breite**: 60 cm

### Geum urbanum
Die Echte Nelkenwurz trägt kleine gelbe Blüten mit fünf Blütenblättern und kurze dunkelgrüne Blätter. Ihre Wurzeln duften nach Gewürznelken. Die Samen dieser Waldstaude werden von Tieren verbreitet, an deren Fell sie mit ihren Widerhaken haften.

**Höhe**: 40 cm, **Breite**: 30 cm

## Waldblumen

### *Lychnis flos-cuculi*
Die Kuckucks-Lichtnelke mag es feucht, weshalb die Staude in Feuchtwiesen, an Teichen und in schattigen, offenen, feuchten Wäldern vorkommt. Sie entwickelt einen Blütenstand aus rosa Blüten und blassgrüne, an hellroten Stängel paarig angeordnete Blätter.

**Höhe**: 1 m, **Breite**: 60 cm
❄❄❄ ◊ ♦ ☼ ☀

### *Primula veris*
Die beliebte mehrjährige Wildblume kommt besonders gut zur Geltung, wenn man sie auf Wiesen verwildert. Ihre kleinen gelben, glockigen Blüten trägt die Echte Schlüsselblume an langen dünnen, blattlosen Stängeln. Das dunkelgrüne Laub bildet eine Rosette.

**Höhe**: 30 cm, **Breite**: 20 cm
❄❄❄ ◊ ♦ ☼ ☀ ♥

### *Primula vulgaris*
Die kompakte, früh blühende Stängellose Schlüsselblume ziert mit duftenden, hellgelben, in der Mitte dunkelgelben Blüten an dünnen, rötlich angehauchten Stängeln. Sie ist in Laubwäldern, auf Feuchtwiesen und im Gebüsch anzutreffen.

**Höhe**: 20 cm, **Breite**: 30 cm
❄❄❄ ◊ ☼ ☀ ♥

### *Silene dioica*
Waldränder, schattige Böschungen und Hecken sind der natürliche Lebensraum der Roten Lichtnelke. Ihre hübschen tiefrosa Blüten stehen an langen, verzweigten Stängeln. Die mattgrünen Blätter sind behaart und leicht eiförmig.

**Höhe**: 90 cm, **Breite**: 30 cm
❄❄❄ ◊ ♦ ☼ ☀

### *Stachys sylvatica*
Der mehrjährige Wald-Ziest kommt in Laubwäldern und am Rand von Hecken in feuchten, nährstoffreichen Böden vor. Er hat Ähren aus purpurrosa Blüten mit weißen Flecken. Die dunkelgrünen Blätter duften aromatisch.

**Höhe**: 80 cm, **Breite**: 60 cm
❄❄❄ ◊ ♦ ☀

### *Teucrium scorodonia*
Der Salbei-Gamander ähnelt dem eigentlichen Salbei, ist jedoch stärker behaart und hat stärker runzlige Blätter. Sein stechend riechendes Laub erinnert eher an Hopfen als an Salbei. Früher würzte man damit Bier. Die Blüten sind gelblich grün.

**Höhe**: 60 cm, **Breite**: 60 cm
❄❄❄ ◊ ♦ ☀

# Präriepflanzen

### Asclepias tuberosa
Die Knollige Seidenpflanze aus den nordamerikanischen Prärien ist eine aufrechte Staude mit Pfahlwurzel. Sie trägt im Sommer abgeflachte doldige Blütenstände aus leuchtend orangefarbenen Blüten. Sie hat fleischige, lanzettliche, hellgrüne Blätter.

**Höhe**: 80 cm, **Breite**: 50 cm
❅❅❅ ◊ ☼

### Echinacea purpurea
Im Sommer öffnet der aufrechte, wüchsige, pflegeleichte Rote Scheinsonnenhut große, einzeln stehende Körbchen an dicken, behaarten Stängeln. Sie bestehen aus hellvioletten, leicht zurückgebogenen Strahlenblüten und einer orangebraunen Scheibe.

**Höhe**: 1 m, **Breite**: 1 m
❅❅❅ ◊ ☼

### Eryngium yuccifolium
Das Yuccablättrige Mannstreu trägt lange, lanzettliche, glänzende Blätter mit borstigem Rand und silbrige Blütenkugeln, die von Juli bis September erscheinen. Bienen und Schmetterlinge lieben die ungewöhnlichen Blüten, die sich auch für die Floristik eignen.

**Höhe**: 1,2 m, **Breite**: 1 m
❅❅❅ ◊ ☼

### Eupatorium purpureum
Der Purpur-Wasserdost bereichert spätsommerliche Rabatten. In nährstoffreichen Böden wird er bis 1,5 m hoch. Die gewölbten, rosavioletten Blütenstände enthalten viel Nektar, wodurch die mehrjährige Pflanze zu einer guten Schmetterlings- und Bienenweide wird.

**Höhe**: 1,5 m, **Breite**: 1,5 m
❅❅❅ ◊ ☼

### Helenium autumnale
Dank der gelb und rot getönten Blütenkörbchen mit erhabener Scheibe entfacht die im Spätsommer und Herbst blühende Gewöhnliche Sonnenbraut ein feuriges Farbenspiel. Sorten sind außerdem in Orange, Bronzerot und Braun erhältlich.

**Höhe**: 1,5 m, **Breite**: 1,2 m
❅❅❅ ◊ ◐ ☼

### Miscanthus sinensis 'Zebrinus'
Das Silber-Chinaschilf ist ein großes Ziergras. Die Sorte mit den langen, eleganten, übergebogenen, hellgelb gestreiften Blättern eignet sich bestens für den Hintergrund einer Rabatte. Unter günstigen Bedingungen erscheinen im Spätsommer silbrig rosa Rispen.

**Höhe**: 1,8 m, **Breite**: 1,2 m
❅❅❅ ◊ ◐ ☼ ☼ ♆

## Molinia caerulea 'Karl Foerster'
Diese hübsche Form des Blauen Pfeifengrases ist eine horstbildende Zierstaude mit grünen, im Herbst goldgelben Blättern. Die zahlreichen violetten Blütenrispen erscheinen vom späten Frühjahr bis zum Herbst. Eine gute, ornamentale Strukturpflanze.

**Höhe**: 80 cm, **Breite**: 60 cm

## Monarda fistulosa
Späte Indianernessel wird diese Staude mit aromatischen, lanzettlichen Blättern genannt, weil sie erst ab Juli blüht. Bienen werden von den Quirlen aus lila Blüten magisch angezogen. Die Art gedeiht in leicht feuchten Böden, verträgt aber keine Winternässe.

**Höhe**: 1,2 m, **Breite**: 40 cm

## Rudbeckia subtomentosa
Aus Prärierabatten ist der mehrjährige Schwachfilzige Sonnenhut kaum wegzudenken. Seine Körbchen aus leuchtend gelben Strahlen- und dunkleren Scheibenblüten erscheinen im Spätsommer in großer Zahl an hohen, aufrechten Stängeln.

**Höhe**: 1,2 m, **Breite**: 50 cm

## Nasella (Stipa) tenuissima
Das sommergrüne Zarte Federgras ist mit seinem feinen, übergebogenen Laub eine beliebte Zierpflanze. Es trägt Unmengen blasser, fiedriger Blütenstände, die die Blätter fast verdecken. Die Samenstände erscheinen im Sommer. Im Herbst zurückschneiden.

**Höhe**: 50 cm, **Breite**: 60 cm

## Verbena hastata
Die Lanzen-Verbene bevorzugt feuchtere Böden als in vielen traditionellen Präriepflanzungen und wird unter günstigen Bedingungen bis zu 1,8 m hoch. Ihre lilarosa Blüten erscheinen in Ähren, das grüne, gezähnte Laub steht an rötlich grünen Stängeln.

**Höhe**: 1,3 m, **Breite**: 70 cm

## Veronicastrum virginicum
Zusammen mit anderen Ziergräsern lässt sich der statueske, mehrjährige Virginische Arzneiehrenpreis gut zu einer lockeren, luftigen Präriepflanzung kombinieren. Er trägt reichlich kleine rosa Röhrenblüten an lang gestreckten, ährigen Ständen.

**Höhe**: 1 m, **Breite**: 80 cm

# Zwiebelblumen und Knollenpflanzen für den Rasen

**Allium moly**
In einer Rasenfläche verwildert sieht der Gold-Lauch ausgesprochen hübsch aus. Er bleibt niedrig und öffnet im Sommer viele leuchtend gelbe Blütensterne. Die graugrünen, riemenförmigen Blätter riechen beim Zerreiben dezent nach Zwiebel.

**Höhe**: 25 cm, **Breite**: 30 cm

**Anemone blanda 'White Splendour'**
Das Balkan-Windröschen öffnet im Frühjahr viele flache weiße Blüten mit gelber Mitte. Es ist leicht zu ziehen und kann auf Rasenflächen unter Bäumen gepflanzt werden, braucht aber nährstoffreiche Böden.

**Höhe**: 15 cm, **Breite**: 15 cm

**Camassia quamash**
Auf Feuchtwiesen fühlt sich die Essbare Prärielilie so richtig wohl. Die horstbildende Zwiebelblume trägt zahlreiche violettblaue oder weiße, sternförmige Blüten an aufrechten Schäften. Besondere Wirkung entfaltet sie in großen Gruppen auf Rasenflächen.

**Höhe**: 50 cm, **Breite**: 20 cm

**Chionodoxa 'Pink Giant'**
Der Schneeglanz stammt aus der Türkei und bildet im zeitigen Frühjahr einen wunderbaren Farbteppich aus vielen rosa Blüten mit gelblich weißer Mitte. Man verwildert ihn im Rasen, in Steingärten oder am Rand von Gehölzpartien.

**Höhe**: 15 cm, **Breite**: 20 cm

**Crocus 'Ruby Giant'**
Der im zeitigen Frühling blühende Krokus wird in Rasen oder unter Bäume gepflanzt. 'Ruby Giant' öffnet tiefviolette Blüten mit gelben Staubblättern und trägt lange grüne Blätter. Herbstkrokusse bringen spät im Jahr noch einmal Farbe in den Garten.

**Höhe**: 10 cm, **Breite**: 10 cm

**Eranthis hyemalis**
Der Kleine Winterling wird unter Bäumen oder neben Strauchrabatten und entlang von Hecken verwildert. Er überrascht schon im Spätwinter mit leuchtend gelben Blütenschalen und hellgrünen, handförmig geteilten, länglichen Blättern.

**Höhe**: 8 cm, **Breite**: 8 cm

### Fritillaria meleagris
Besondere Wirkung entfaltet die Gewöhnliche Schachblume, wenn sie in großen Gruppen in Feuchtwiesen wächst. Ihre glockenförmigen, rosa-violetten Blüten sind schachbrettartig weiß gezeichnet. Der Schaft erhebt sich über schmalem, graugrünem Laub.

**Höhe**: 30 cm, **Breite**: 10 cm
❄❄❄ ◊ ☼

### Galanthus nivalis
Das Kleine Schneeglöckchen ist der Frühlingsbote schlechthin: Die hängenden, tropfenförmigen weißen Blüten der wüchsigen Zwiebelblume erscheinen mitunter schon im Februar. Man verwildert sie im Rasen, unter laubabwerfenden Gehölzen und in Hecken.

**Höhe**: 10 cm, **Breite**: 10 cm
❄❄❄ ◊◊ ☼ ☼ ♇

### Leucojum aestivum
Man verwechselt die Sommer-Knotenblume oft mit dem Schneeglöckchen, doch wird sie höher und trägt einen grünen oder gelben Fleck an der Spitze jedes Blütenblatts der weißen glockenförmigen, hängenden Blüten. Für Steingärten und Blumenrabatten.

**Höhe**: 50 cm, **Breite**: 20 cm
❄❄❄ ◊◊ ☼ ☼

### Narcissus bulbocodium
Woher der Name Reifrock-Narzisse kommt, ist an den gelben, trompetenförmigen, weit geöffneten Blüten unschwer zu erkennen. Wie die meisten Narzissen braucht sie feuchte, aber durchlässige Böden. Verwildern Sie Narzissen in Rasen und Wiesen.

**Höhe**: 20 cm, **Breite**: 10 cm
❄❄❄ ◊◊ ☼ ☼ ♇

### Narcissus cyclamineus
Die Alpenveilchen-Narzisse trägt auffällige gelbe Blüten mit hängender Nebenkrone und zurückgeschlagenen Kronblättern. Die wüchsige kleine Staude stammt von Feuchtwiesen, sie gedeiht am besten auf feuchtem Rasen mit durchlässigem Boden.

**Höhe**: 20 cm, **Breite**: 10 cm
❄❄❄ ◊◊ ☼ ☼ ♇

### Tulipa sprengeri
Diese in der Türkei heimische Wildtulpe trägt zarte, leuchtend rote Blüten mit gelber Mitte, die hoch über hellgrünen, riemenförmigen Blättern stehen. Sie ist die letzte Tulpe, die im Mai oder Juni blüht. Daher wird sie gern mit anderen Zwiebelblumen kombiniert.

**Höhe**: 50 cm, **Breite**: 30 cm
❄❄❄ ◊ ☼ ☼ ♇

# Bodendecker für sonnige Standorte

### Achillea filipendulina 'Gold Plate'
Die traditionelle Rabattenpflanze eignet sich dank ihres großen gefiederten Laubs und der bis 15 cm breiten, kräftig goldgelben, flachen Blütenstände gut zur Begrünung großer Gartenbereiche. Auch in Wiesen oder Präriegärten leistet die Gold-Garbe gute Dienste.

**Höhe**: 1,2 m, **Breite**: 50 cm

### Alchemilla mollis
Der Weiche Frauenmantel kommt mit lichtem Schatten und voller Sonne gleichermaßen zurecht. Er trägt hellgrüne, gefältelte, fächerförmige Blätter und kleine lindgrüne Blütenstände. Die Staude wirkt gut als Unterpflanzung hoher Sträucher.

**Höhe**: 60 cm, **Breite**: 45 cm

### Anaphalis triplinervis
Dieses mehrjährige, horstbildende Perlkörbchen mit winzigen weißen Blüten in Köpfchen breitet sich über Rhizome aus. Es hat hübsche graugrüne, schmale Blätter und helle, behaarte Stängel; es eignet sich vorzüglich für sonnige Rabatten.

**Höhe**: 50 cm, **Breite**: 1 m

### Artemisia ludoviciana 'Silver Queen'
Der halbimmergrüne Weiße Beifuß wird vor allem wegen seiner silbrigen Blätter gezogen, denn die braungelben Blüten wirken unscheinbar. Er eignet sich als Blattschmuckstaude für Kiesgärten und mediterrane Rabatten.

**Höhe**: 80 cm, **Breite**: 80 cm

### Calluna vulgaris 'Peter Sparkes'
Dichte Trauben glockenförmiger, leuchtend lila Blüten und graugrünes Laub sind das Erkennungsmerkmal dieser Sorte. Die Besenheide braucht saure Böden und ist bei Imkern beliebt, da sie angeblich den schmackhaftesten Honig liefert.

**Höhe**: 50 cm, **Breite**: 50 cm

### Ceanothus 'Blue Cushion'
Diese Sorte der Säckelblume trägt vom Hoch- bis zum Spätsommer kräftig blaue Blüten entlang der Triebe. Ihre glänzenden Blätter sind immergrün. Bevorzugt wird ein warmer, halbwegs geschützter Standort in durchlässigen Böden, wo sie sich rasch ausbreitet.

**Höhe**: 50 cm, **Breite**: 1 m

## Bodendecker für sonnige Standorte

### Ceratostigma plumbaginoides
Die Kriechende Hornnarbe, eine ideale Steingarten- und Bodendeckerpflanze für warme, geschützte Standorte, trägt Unmengen winziger blauer Blüten im Spätsommer. Das mittelgrüne, eiförmige Laub steht an rötlichen Stielen und nimmt im Herbst einen Rotton an.

**Höhe**: 50 cm, **Breite**: 1,2 m
❊❊❊ ◊ ☼ ♀

### Chamaemelum nobile 'Treneague'
Für einen Rasen eignet sich diese nicht blühende Sorte der Römischen Kamille am besten. Das gefiederte Laub bildet einen dekorativen, duftenden Teppich. Es entwickeln sich Seitentriebe, die wiederum Rosetten ausbilden.

**Höhe**: 15 cm, **Breite**: 30 cm
❊❊❊ ◊ ☼ ♀

### Cotoneaster dammeri
Die Teppich-Zwergmispel ist mit ihrem immergrünen Laub ein ganzjährig ansehnlicher, kriechender Halbstrauch, der unter höheren Pflanzen einen guten Bodendecker abgibt. Auf die kleinen weißen Blüten im Juni folgen viele rote Beeren.

**Höhe**: 20 cm, **Breite**: 2 m
❊❊❊ ◊ ◉ ☼ ☀ ♀

### Erica carnea 'Vivellii'
In Gruppen gepflanzt, eignet sich diese Schnee-Heide bestens als Bodendecker. Sie wird gern an sonnigen Plätzen mit sauren Böden kultiviert. Sie trägt hübsches, dunkelgrünes, nadelartiges, violett überlaufenes Laub und rosa bis magentarote Röhrenblüten.

**Höhe**: 20 cm, **Breite**: 40 cm
❊❊❊ ◊ ☼ ♀

### Euonymus fortunei 'Emerald 'n' Gold'
Diese Form des Kletternden Spindelstrauchs ist wegen der eiförmigen Blätter mit goldenem Rand beliebt. Sie wächst kriechend, kann bei entsprechender Stütze aber auch horizontal gezogen werden. Unscheinbare Blüten.

**Höhe**: 60 cm, **Breite**: 1 m
❊❊❊ ◊ ◉ ☼ ☀ ♀

### Euphorbia epithymoides
Die Bunte Wolfsmilch bildet einen runden Horst aus dekorativen mittelgrünen Blättern mit gelben Blüten und gelbgrünen Hochblättern im Frühjahr. Sie eignet sich als Lückenfüller in frühjahrsblühenden Rabatten. Der Milchsaft kann Hautreizungen verursachen.

**Höhe**: 40 cm, **Breite**: 60 cm
❊❊❊ ◊ ◉ ☼ ☀ ♀

# Bodendecker für sonnige Standorte *Fortsetzung*

### *Genista hispanica*
Der Spanische Ginster trägt gelbe Blüten und ist dicht mit winzigen grünen Dornen besetzt. Trotz seines immergrünen Aussehens ist er in Wirklichkeit sommergrün. Falls er zu langbeinig wird, tut ihm ein kräftiger Rückschnitt gut. Er gedeiht an warmen Standorten.

**Höhe**: 70 cm, **Breite**: 50 cm

### *Houttuynia cordata* **'Flame'**
Die vielseitige Houttuynie gedeiht an feuchten und durchlässigen Standorten. Sie ist eine wüchsige, sommergrüne Staude mit aufrechten Trieben und ungewöhnlichen mehrfarbigen Blättern. Die unscheinbaren weißen Blüten öffnen sich im Sommer.

**Höhe**: 40 cm, **Breite**: 1 m

### *Hypericum calycinum*
Dank des dekorativen Laubs und der langen Blütezeit ist das Großblütige Johanniskraut ein wertvoller Bodendecker. Es breitet sich rasch aus und öffnet leuchtend gelbe, sternförmige Blüten mit zahlreichen an der Spitze roten Staubblättern.

**Höhe**: 40 cm, **Breite**: 1,5 m

### *Juniperus horizontalis*
Der immergrüne, niederliegende Kriech-Wacholder bildet einen schönen Teppich aus graugrünem Laub, der sich im Winter rötlich färbt. Er eignet sich vor allem für die Begrünung problematischer Bereiche wie steiler Böschungen, die nicht gemäht werden können.

**Höhe**: 40 cm, **Breite**: 2,5 m

### *Luzula nivea*
Mit ihrem immergrünen, grasähnlichen Laub und dem büscheligen Wuchs ist die Schneeweiße Hainsimse ein vorzüglicher Bodendecker für schattige wie vollsonnige Lagen. Ihre weißen Blüten erscheinen vom Früh- bis zum Hochsommer und lassen sich trocknen.

**Höhe**: 40 cm, **Breite**: 45 cm

### *Mentha requienii*
Die Korsische Minze ist als duftender, grasloser Rasen eine interessante Alternative zu Römischer Kamille und Thymian. Sie trägt viele kleine, sehr aromatische Blätter, die nach Pfefferminze riechen. Ihre winzigen, violetten Blüten erscheinen im Spätsommer.

**Höhe**: 15 cm, **Breite**: 45 cm

Bodendecker für sonnige Standorte *Fortsetzung* 133

### *Nepeta* 'Six Hills Giant'
Weil sich Katzen gern in ihr wälzen, heißt sie Katzenminze. Sie trägt graugrüne, aromatische Blätter, öffnet zahlreiche blaue Blüten und gedeiht an trockenen, nährstoffarmen, durchlässigen Böden. Bienen und Schmetterlinge lieben ihre Blüten.

**Höhe**: 50 cm, **Breite**: 50 cm
❄❄❄ ◊ ☼

### *Origanum vulgare* 'Aureum'
Die buschige Staude bietet sich als Bodendecker für sonnige Böschungen und Kräutergärten an. Sie entwickelt winzige goldgelbe, aromatische Blätter und im Sommer kleine rosa Blüten. Die Blätter des Gold-Majorans können auch in der Küche verwendet werden.

**Höhe**: 30 cm, **Breite**: 30 cm
❄❄❄ ◊ ☼ ♈

### *Persicaria bistorta* (*Bistorta officinalis*) 'Superba'
Mit seinen zylindrischen rosa Blütenständen, die vom Frühsommer bis zum Herbst erscheinen, ist der Schlangen-Wiesenknöterich recht auffällig. Die wüchsige Staude kann durch regelmäßigen Rückschnitt begrenzt werden.

**Höhe**: 70 cm, **Breite**: 1 m
❄❄❄ ◊ ◊ ● ☼ ☼ ♈

### *Phlomis russeliana*
Diese auffällige, aufrechte, krautige Staude öffnet vom späten Frühjahr bis zum Spätherbst blassgelbe Lippenblüten in Quirlen. Das pfeilförmige, filzig behaarte, mittelgrüne Laub wächst gegenständig entlang des Stängels.

**Höhe**: 1,2 m, **Breite**: 80 cm
❄❄❄ ◊ ☼ ☼ ♈

### *Rosmarinus officinalis* 'Severn Sea'
Rosmarin ist nicht nur ein beliebtes Küchen- und Heilkraut, sondern mit seinen dunkelblauen Blüten im Sommer auch eine dekorative Zierpflanze. Das dunkelgrüne, nadelartige Laub steht an aufrechten Stängeln. Rosmarin bevorzugt leichte, sandige Böden.

**Höhe**: 60 cm, **Breite**: 60 cm
❄ ◊ ☼ ♈

### *Stachys byzantina*
Der Name Woll-Ziest bezieht sich auf die weiche, samtige Oberfläche der immergrünen, dicken, stark behaarten Blätter. Die Pflanze öffnet im Sommer kleine röhrenförmige, rosa Blüten an weißen, wollig behaarten, aufrechten Stängeln.

**Höhe**: 60 cm, **Breite**: 60 cm
❄❄❄ ◊ ☼

# Bodendecker für trockenen Schatten

**Ajuga reptans**
Der Kriechende Günsel, eine halbimmergrüne, kriechende Staude, hat dunkelgrüne, rosettig angeordnete Blätter, es gibt aber auch Sorten mit hellrotem, violettem und bronzerotem Laub. Im Frühsommer erscheinen blaue oder weiße Blüten.

**Höhe**: 15 cm, **Breite**: 60 cm

**Arctostaphylos uva-ursi**
Die Echte Bärentraube ist ein niedriger immergrüner Strauch mit glänzenden, dunkelgrünen Blättern, die sich im Herbst auffällig bronzerot färben. Auf die glockenförmigen, kleinen rosa Blüten im Frühjahr folgen rote Beeren. Die Pflanze braucht saure Böden.

**Höhe**: 20 cm, **Breite**: 3 m

**Asplenium scolopendrium**
Als aufrechte, immergrüne Staude erweist sich der Hirschzungenfarn als ideal für die Begrünung steiler, schattiger Böschungen. Er trägt grüne, zungenförmige, ledrige Wedel mit rostroten Sporenlagern an der Unterseite in Fischgrat-Anordnung.

**Höhe**: 50 cm, **Breite**: 60 cm

**Bergenia cordifolia 'Purpurea'**
Eine klassische immergrüne Staude für Schattenrabatten. Die horstbildende Altai-Bergenie fällt durch große, rundliche, tiefgrüne Blätter ins Auge, die im Herbst rötlich werden. Sie trägt glockenförmige rosa Blüten an rötlichen Stängeln.

**Höhe**: 40 cm, **Breite**: 50 cm

**Brunnera macrophylla**
Mit seinen aufrechten Blütenständen aus blassblauen Blüten im Frühjahr ähnelt das Großblättrige Kaukasusvergissmeinnicht dem eigentlichen Vergissmeinnicht. Die Staude trägt große, zugespitzte, herzförmige Blätter. Sie wirkt gut unter Gehölzen.

**Höhe**: 40 cm, **Breite**: 60 cm

**Cyclamen hederifolium**
Das Herbst-Alpenveilchen, eine Knollenpflanze, öffnet rosa Blüten mit tiefrotem Mal am Schlund. Das Laub hat die Form von Efeublättern. Es ist grün mit silbriger Zeichnung und erscheint nach der Blüte. Die Pflanze braucht humusreiche Erde.

**Höhe**: 15 cm, **Breite**: 15 cm

# Bodendecker für trockenen Schatten

## Galium odoratum
Der wüchsige, mattenbildende Waldmeister ist ein nützlicher Bodendecker für karge Böden. Er bildet unter Gehölzen und in Schattenrabatten einen Teppich aus leuchtend grünen, lanzettlichen Blättern. Im Frühjahr erscheinen weiße, sternförmige Blüten.

**Höhe**: 40 cm, **Breite**: 1,5 m

## Hedera helix 'Glacier'
Diese Sorte des Gewöhnlichen Efeus hat sich als Zuflucht für Tiere bewährt. Die immergrüne Waldpflanze kann als Bodendecker oder Kletterpflanze genutzt werden. Ihre auffälligen dreieckigen, dunkelgrünen Blätter sind graugrün bis cremefarben panaschiert.

**Höhe**: 1,5 m, **Breite**: 1,5 m

## Lamium maculatum 'White Nancy'
Die Gefleckte Taubnessel kann sich invasiv ausbreiten, weshalb sie regelmäßig begrenzt und von kleineren Nachbarn ferngehalten werden sollte. Sie trägt reinweiße Blüten und silbrige Blätter mit grünem Rand.

**Höhe**: 25 cm, **Breite**: 1 m

## Luzula sylvatica 'Aurea'
Schattige Wälder sind der Lebensraum der Wald-Hainsimse, die gerade an steilen Hängen, wo nicht gemäht werden kann, wertvolle Dienste leistet. Die immergrüne, horstbildende Staude öffnet unscheinbare weiße Blüten über goldgelbem Laub.

**Höhe**: 60 cm, **Breite**: 50 cm

## Nandina domestica
Der Himmelsbambus ist ein immer- bis halbimmergrüner Strauch, dessen Laub zunächst rot ist, dann grün wird und im Herbst wieder eine rötliche Färbung annimmt. In milden Gegenden erscheinen im Juli kleine weiße Blüten, gefolgt von roten Beeren.

**Höhe**: 2 m, **Breite**: 1,5 m

## Pachysandra terminalis
Diese buschige, immergrüne Blattschmuckpflanze, Japanischer Ysander genannt, ist ideal für Gehölzgruppen und Strauchrabatten im Schatten. Ihre eiförmigen, dunkelgrünen Blätter erscheinen am Ende der Triebe in Quirlen, die weißen Blüten im Frühsommer.

**Höhe**: 20 cm, **Breite**: 3 m

## Bodendecker für trockenen Schatten *Fortsetzung*

### *Pulmonaria* 'Blue Ensign'
Mit seinem ungewöhnlichen gefleckten Laub dient das Lungenkraut häufig als bodendeckende Unterpflanzung in Strauchrabatten und offenen Gehölzgruppen. Diese Sorte allerdings trägt einfarbiges graugrünes Laub und blaue Blüten.

**Höhe**: 25 cm, **Breite**: 30 cm

### *Sarcococca ruscifolia*
Die Mäusedornblättrige Fleischbeere ist ein langsam wachsender, immergrüner Strauch, dessen Laub an jenes von Buchsbaum erinnert. Mit seinem Ausläufer bildenden Wuchs hat er sich als Bodendecker bewährt. Er trägt im März kleine weiße, duftende Blüten.

**Höhe**: 10 cm, **Breite**: 1 m

### *Symphytum* 'Goldsmith'
Beinwell ist eine robuste Pflanze mit rauen, dunkelgrünen Blättern, die hier gelb und cremefarben gezeichnet sind. Die hellblauen, röhrenförmigen Blüten öffnen sich im Frühsommer. Ein kalter Wasserauszug aus dem Laub ist ein guter Flüssigdünger.

**Höhe**: 60 cm, **Breite**: 60 cm

### *Tiarella wherryi*
Die Waldpflanze trägt hübsche, dreilappige, rot überlaufene Blätter. Trauben aus kleinen weißrosa Blüten erscheinen von Mai bis Juni. Die Art bevorzugt humose Böden und eignet sich für Schattenrabatten oder als Unterpflanzung für höhere Sträucher.

**Höhe**: 40 cm, **Breite**: 50 cm

### *Vinca minor*
Wegen seines Ausbreitungsdrangs gilt das Kleine Immergrün mitunter als Unkraut. Seine hübschen dunkelvioletten Blüten erscheinen im Sommer zwischen dunkelgrünem Laub. Mit ihm begrünt man steile Böschungen oder nackte Erde unter Bäumen.

**Höhe**: 40 cm, **Breite**: 2 m

### *Waldsteinia ternata*
Die kriechende Dreiblättrige Waldsteinie bildet einen dichten, Unkraut unterdrückenden Teppich. Das gezähnte, gelappte Laub ähnelt dem von Erdbeeren. Im Spätfrühling und Sommer schmückt die Pflanze mit einfachen gelben Blüten.

**Höhe**: 10 cm, **Breite**: 60 cm

# Bodendecker für feuchten Schatten

### Convallaria majalis
Das Maiglöckchen erfüllt die Luft im Mai mit seinem einnehmenden Duft. Es breitet sich mit kriechendem Wurzelstock aus und öffnet weiße, glockenförmige Blüten in Trauben zwischen länglich zugespitzten, mittel- bis dunkelgrünen Blättern.

**Höhe**: 25 cm, **Breite**: 30 cm

### Cornus canadensis
Als Unterpflanzung von Sträuchern an sauren, waldähnlichen Standorten ist der Kanadische Hartriegel immer eine gute Wahl. Das eiförmige, kräftig grüne Laub ist tief geädert; die Blüten erscheinen im Frühjahr und Sommer mit auffälligen weißen Hochblättern.

**Höhe**: 15 cm, **Breite**: 3 m

### Hosta 'Sum and Substance'
Funkien lieben feuchten Schatten und sind daher erste Wahl für den lichten Schatten in Gehölzgruppen oder für den Rand von Teichen. Das üppige, dekorative, grüngelbe Laub dieser Sorte unterstreicht die trompetenförmigen, helllila Blüten.

**Höhe**: 1 m, **Breite**: 1 m

### Pratia pedunculata
Der in Australien heimische Blaue Bubikopf gedeiht an vollsonnigen Standorten und im Schatten, verlangt aber frische Böden. Er trägt eine Vielzahl immergrüner Blätter. Die kriechenden Triebe sind im Sommer von blasslila Blüten übersät.

**Höhe**: 40 cm, **Breite**: 1,3 m

### Rubus tricolor
Die immergrüne Dreifarbige Himbeere stammt aus China und erobert mit ihrem niederliegenden Wuchs rasch ganze Bereiche. »Dreifarbig« heißt sie, weil das Laub grün, die Blüten im Sommer weiß und die im Herbst erscheinenden Früchte rot sind.

**Höhe**: 60 cm, **Breite**: 3 m

### Soleirolia soleirolii
Das immergrüne Bubiköpfchen bildet einen Teppich aus dichtem grünem Wuchs mit winzigen Blättern und unscheinbaren Blüten. Es breitet sich in feuchten Böden rasch aus und bedeckt Steine und Böden gleichermaßen, verträgt aber nur bis -5 °C.

**Höhe**: 10 cm, **Breite**: 1 m

# Bezugsquellen

Bei vielen Anbietern handelt es sich um Spezialgärtnereien. Deshalb sollte man sich zur Sicherheit nach den Öffnungszeiten erkundigen, bevor man ihnen einen Besuch abstattet.

## Rollrasen

**Rollrasen-Aue GmbH**
Eichenallee 1
D-16767 Leegebruch
Tel.: 0800 - 127 27 36
E-Mail: service@rollrasen.de
www.rollrasen.de

**Rollrasen-Shop**
Emmericherstraße 88a
D-47533 Kleve
Tel.: +49 (0)2161 - 40 25 71 75
E-Mail: info@rollrasenshop.de
www.rollrasenshop.de

**Rasenprofi**
Ziegelheider Straße 57
D-47906 Kempen
Tel.: +49 (0)2152 - 89 74 0
E-Mail: info@rasenprofi.de
www.rasenprofi.de

**Rollrasen Goldbach GmbH**
Gartenstraße 16
D-63477 Maintal-Bischofsheim
Tel.: +49 (0)6109 - 50 17 13
E-Mail: info@rollrasen-rhein-main.de
www.rollrasen-rhein-main.de

**ROLLRASEN Direkt**
Sabine Hedderich
Carl-Benz-Straße 3
D-64683 Einhausen
Tel.: +49 (0)6251 - 59 59 60
E-Mail: info@rollrasen-direkt.com
www.rollrasen-direkt.com

**TerraGrün**
Hofgut Mauer
D-70825 Korntal-Münchingen
Tel.: +49 (0)7150 - 95 92 64
E-Mail: info@terragruen.de
www.terragruen.de

**Peter Schlenzka**
Landschaftsarchitektur
Vertriebsbüro Süd
Ringhoffer Straße 110
D-85716 Unterschleißheim
Tel.: +49 (0)89 - 319 082 71
E-Mail: info@rollrasen-muenchen.de
www.rollrasen-muenchen.de

**Pflanzendoktor**
Paradiesgasse 30
A-1190 Wien
Tel.: +43 (0)676 - 73 10 100
E-Mail.: office@pflanzendoktor.at
www.pflanzendoktor.at

**Prilucik & Co GmbH**
Obere Hauptstraße 53
A-2291 Lassee
Tel.: +43 (0)2213 - 22 64 0
E-Mail: rasen@prilucik.at
www.prilucik.at

**Greenland GmbH – Rollrasen**
Eichenhof 2
CH-6042 Dietwil
Tel.: +41 (0)78 - 711 32 31
E-Mail: evilli@bluewin.ch
www.greenland-rollrasen.ch

## Ziergräser

**Stauden Junge**
Seeangerweg 1
D-31787 Hameln
Tel.: +49 (0)5151 - 34 70
E-Mail: post@stauden-junge.de
www.bluetenblatt.de

**Ziergräser Hensen**
Degerstraße 19
D-52441 Linnich-Boslar
Tel.: +49 (0)2462 - 90 53 18
E-Mail: info@ziergraeser-hensen.de
www.ziergraeser-hensen.de

**Staudengärtnerei Gaißmayer**
Jungviehweide 3
D-89257 Illertissen
Tel.: +49 (0)7303 - 72 58
E-Mail: info@gaissmayer.de
www.gaissmayer.de

**Frikarti Stauden AG**
Oberzelg 6
CH-8627 Grüningen
Tel.: +44 (0)933 - 50 60
E-Mail: info@frikarti.ch
www.stauden-shop.ch

## Kunstrasen

**Private Greens & FiberGrass International GmbH**
Stockenkamp 15
D-27793 Wildeshausen
Tel.: +49 (0)4431 - 73 83 282
E-Mail: info@kunstrasenwelt.de
www.kunstrasenwelt.de

**Bünte Kunstrasen**
Werner-von-Siemens-Straße 7
D-64625 Bensheim
Tel.: +49 (0)6251 - 56 30 6
E-Mail: vertrieb@kunstrasen-sportrasen.de
www.kunstrasen-sportrasen.de

**Golden Green**
Am Schleifweg 15
D-63225 Langen
Tel.: +49 (0)6103 - 92 25 12
E-Mail: kunstrasen@golden-green.de
www.golden-green.de

**Georg Traugott GmbH**
Feldstraße 1
A-6020 Innsbruck
Tel.: +43 (0)512 - 29 12 66
E-Mail: office@traugott-tirol.at
www.traugott-tirol.com/kunstrasen

**Grütz Kunstrasen**
Bergstraße 18
D-79539 Lörrach
Tel.: +49 (0)7621 - 57 00 010
E-Mail: info@gruetz-rasen.de
www.gruetz-rasen.de

Lysbüchelstraße 330
CH-4056 Basel, Schweiz
E-Mail: info@ kunstrasen-swiss.ch
www.kunstrasen-swiss.ch

## Wiesen- und Wildblumensamen

**Samen-Frese.de**
Kreuzstraße 15
D-49124 Georgsmarienhütte
(nur Versand)
Tel.: +49 (0)5401 - 46 60 230
E-Mail: Info@samen-frese.de
www.samen-frese.de

**Hof Berg-Garten GbR**
Lindenweg 17, Großherrischwand
D-79737 Herrischried
Tel.: +49 (0)7764 - 239
E-Mail: info@hof-berggarten.de
www.hof-berggarten.de

**Syringa**
Duftpflanzen und Kräuter
Bachstraße 7 (Büroanschrift)
D-78247 Hilzingen-Binningen
Tel.: +41(0)7739 - 14 52
E-Mail: info@syringa-pflanzen.de
www.syringa-pflanzen.de

**Rieger-Hofmann GmbH**
In den Wildblumen 7
D-74572 Blaufelden-Raboldshausen
Tel.: +49 (0)7952 - 92 18 89-0
E-Mail: info@rieger-hofmann.de
www.rieger-hofmann.de

**D. Müller Botanical Enterprise**
Aemtlerstraße 74
CH-8003 Zürich
Tel.: +41 (0)43 - 960 19 67
E-Mail: info@saemereien.ch
www.saemereien.ch

## Bodendecker und Zwiebelpflanzen

**Gustav Schlüter GmbH**
Bahnhofstraße 5
D-25335 Bokholt-Hanredder
Tel.: +49 (0)4123 - 20 21
E-Mail: versand@garten-schlueter.de
www.garten-schlueter.de

**Online-Versand für Heim und Garten**
Obere Grieselstraße 11
D-64625 Bensheim
Bestellannahme: 01805 - 9 69 791
www.welt-der-pflanzen.de/bodendecker

**Syringa**
Duftpflanzen und Kräuter
*siehe oben*

**Blumenzwiebeln am Tulpenfeld**
Dr. A. Vogler
Mahdenholzweg 10
D-82205 Gilching
Tel.: +49 (0)8105 - 81 95
E-Mail: bestellung@tulpenfeld.de
www.tulpenfeld.de

**Der Blumenzwiebelversand
Bernd Schober**
Stätzlinger Straße 94a
D-86165 Augsburg
Tel.: +49 (0)821 - 72 98 95 00
E-Mail: bschober@der-blumenzwiebel-versand.de
www.der-blumenzwiebelversand.de

**Gartenversand Gesellschaft m.b.H**
Sandstraße 25
A-6890 Lustenau
Tel.: +43 (0)5577 - 80 46 8
E-Mail: kundenservice@bakker.at
www.bakker.at

**Wyss Samen und Pflanzen AG**
Schachenweg 14c
CH-4528 Zuchwil-Solothurn
Tel.: +41 (0)32 - 686 68 68
E-Mail: info@select-samen.ch
www.samen.ch

**Blumenzwiebel**
Postfach 255
NL-1160 AG Zwanenburg
Tel.: +31 (0)204 - 973 127
E-Mail: verkauf@blumenzwiebel.nl
www.blumenzwiebel.nl~

## Geräte und Zubehör

**Gardena**
Produktberatung
Tel.: (07 31) 4 90 - 123
E-Mail: Mail service@gardena.com
www.gardena.com

**Gärtner Pötschke GmbH**
Beuthener Straße 4
D-41564 Kaarst
Tel.: +49 (0)1805 - 86 11 00
E-Mail: info@poetschke.de
www.poetschke.de

**Praktiker**
www.praktiker.de

**Wolf Garten**
www.wolf-garten-online.de

# Register

## A

*Achillea* (Garbe) 18–19
  *filipendulina* 'Gold Plate' (Gold-Garbe) 130
  *millefolium* (Wiesen-Schafgarbe) 51, 110
Acker-Hundskamille (*Anthemis arvensis*) 122
Acker-Kratzdistel (*Cirsium arvense*) 110
Aerifizieren (Belüften) 87, 88, 95, 112
Aerifiziergabel 87, 95
*Agrimonia eupatoria* (Kleiner Odermenning) 124
*Agrostemma githago* (Kornrade) 72–73, 122
*Agrostis* (Straußgras)
  *capillaris* (Rotes Straußgras) 51, 116
  *stolonifera* (Weißes Straußgras) 117
*Ajuga reptans* (Kriechender Günsel) 134
*Alchemilla mollis* (Weicher Frauenmantel) 130
Alkalische Böden 26, 118
*Alliaria petiolata* (Gewöhnliche Knoblauchsrauke) 124
*Allium moly* (Gold-Lauch) 128
Alpenveilchen-Narzisse (*Narcissus cyclamineus*) 129
Altai-Bergenie (*Bergenia cordifolia*) 134
Alternativen zu Gras 20–21, 43
  siehe auch Bodendecker
Ameisen 113
*Anaphalis triplinervis* (Perlkörbchen) 130
*Anemone* 18–19 (Windröschen)
  *blanda* 'White Splendour' (Balkan-Windröschen) 128
*Anthemis arvensis* (Acker-Hundskamille) 122
  *punctata* 72
*Anthoxanthum odoratum* (Gewöhnliches Ruchgras) 118
*Aquilegia vulgaris* var. *stellata* 'Greenapples' (Akelei) 82–83
*Arctostaphylos uva-ursi* (Echte Bärentraube) 134
*Armeria maritima* 'Splendens' (Grasnelke) 80–81
*Artemisia* (Beifuß)
  *ludoviciana* (Weißer Beifuß) 'Silver Queen' 130
  'Valerie Finnis' 80–81
  *schmidtiana* 'Nana' 80–81
Arzneiehrenpreis, Virginischer (*Veronicastrum virginicum*) 127

*Asclepias tuberosa* (Knollige Seidenpflanze) 74–75, 126
*Asplenium scolopendrium* (Hirschzungenfarn) 134
*Astelia chathamatica* 80
*Atriplex hortensis* (Garten-Melde) 122
Aussaat von Rasen 28, 29, 30–31, 87, 88

## B

Balkan-Windröschen (*Anemone blanda*) 128
Balkon 12–13
Bärentraube, Echte (*Arctostaphylos uva-ursi*) 134
Bäume 25, 43
  Bodendecker als Unterpflanzung 23, 40, 82–83, 100, 134, 136
  Gehölzgruppen 76–77
  im Rasen pflanzen 52–55
  Rasen unter Bäumen 100, 105
  Schnitt 112
  Stützen 54–55
  Wässern 53, 55
  Wegräumen von Laub 88, 100
  Zwiebelblumen unter Bäumen 52, 58–59, 70–71, 100
  siehe auch Schatten
Begrünte Dächer 40, 78–79
Beifuß siehe Artemisia
Beifuß, Weißer (*Artemisia ludoviciana*) 80–81, 130
Beinwell siehe Symphytum
*Bellis perennis* (Gänseblümchen) 110
Belüften (Aerifizieren) 87, 88, 95, 112
*Bergenia cordifolia* 'Purpurea' (Altai-Bergenie) 134
Besenheide (*Calluna vulgaris*) 130
*Betonica officinalis* (Echter Ziest) 124
Bienen 21, 36, 61, 74, 108
  Pflanzen für 119, 120, 121, 123, 126, 130, 133
Biologischer Pflanzenschutz 113
Birken 36, 82–83
*Bistorta officinalis* 'Superba' (Schlangen-Wiesenknöterich) 133
Blickpunkt 8–9, 14, 25, 36, 43, 70–71
Blumenwiesen 18–19, 72–73
  anlegen 36–37
  Aussaat 38
  kahle Stellen 39
  geeignete Gräser 14, 51, 117–118

  Mähen 38, 39, 50, 106–107
  Nährstoffgehalt im Boden 37, 38, 39, 107
  Pflanzen für 18–19, 51, 119–123, 130
  Pflanzung 50–51
  Wässern 38, 50, 72
Blüten
  für Insekten 119
  im Gras 18–19
  siehe auch Bienen, Blumenwiese
Boden 26, 90
  Abmagern 37
  Nährstoffgehalt 37, 38, 39, 107, 116, 118, 119
  pH-Wert 26, 112
  Verbessern 26
  Vorbereitung 28–29, 37, 38, 41
Böden begrünen 6–21
Boden- und Standortbestimmung 26–27
Bodendecker 17, 40–41
  Alternative zu Gras 20–21, 100, 134, 136
  für Böschungen 14, 23, 40, 132, 135, 136
  für heiße trockene Standorte 41, 80–81, 134–137
  für schattige Lagen 41, 82–83, 100, 134–137
  für sonnige Standorte 41, 80–81, 130–133
  in Pflasterritzen 21, 40
  unter Bäumen 23, 40, 82–83
Böschungen 14, 27, 37, 93
  Bodendecker für 14, 23, 40, 132, 135, 136
Braunelle, Gewöhnliche (*Prunella vulgaris*) 110
Breit-Wegerich (*Plantago major*) 110
*Briza media* (Mittleres Zittergras) 118
*Brunnera macrophylla* (Großblättriges Kaukasusvergissmeinnicht) 134
Bubikopf, Blauer (*Pratia pedunculata*) 137
Bubiköpfchen (*Soleirolia soleirolii*) 17, 21, 137
*Buxus* (Buchsbaum), Hecken 8–9, 14–15, 20–21

## C

*Calluna vulgaris* 'Peter Sparkes' (Besenheide) 130
*Camassia* (Prärielilie) 51
  *quamash* (Essbare Prärielilie) 128
*Campanula latifolia* (Wald-Glockenblume) 120

*Carex elata* 'Aurea' 82–83
*Ceanothus* 'Blue Cushion' (Säckelblume) 130
*Centaurea cyanus* (Kornblume) 18–19, 72–73, 122
  *nigra* (Schwarze Flockenblume) 120
  *scabiosa* (Skabiosen-Flockenblume) 120
*Ceratostigma plumbaginoides* (Kriechende Hornnarbe) 131
*Chamaemelum nobile* (Römische Kamille) 21, 40
  Rasen 20–21, 43, 60–61, 131
  Sitz 14–15
  'Treneague' 60, 131
Chinaschilf siehe Miscanthus
*Chionodoxa* (Schneeglanz) 18–19
  'Pink Giant' 128
*Cirsium arvense* (Acker-Kratzdistel) 110
*Convallaria majalis* (Maiglöckchen) 137
*Coreopsis tinctoria* (Färber-Mädchenauge) 122
*Cornus canadensis* (Kanadischer Hartriegel) 137
*Cosmos atrosanguineus* (Schwarzes Schmuckkörbchen) 18–19
*Cotoneaster dammeri* (Teppich-Zwergmispel) 131
*Crocus* (Krokus) 51, 57, 70–71
  'Ruby Giant' 128
  *vernus* 'Pickwick' 70–71
  'Yellow Giant' 70–71
*Cyclamen hederifolium* (Herbst-Alpenveilchen) 134
*Cynosurus cristatus* (Wiesen-Kammgras) 51, 118

## D

Dachbegrünung 40, 78–79
*Daucus carota* (Wilde Möhre) 120
*Deschampsia cespitosa* (Rasen-Schmiele) 51
*Dianthus carthusianorum* (Karthäuser-Nelke) 74–75
*Digitalis purpurea* (Roter Fingerhut) 76–77, 124
Dornensohlen 95
Dost, Gewöhnlicher (*Origanum vulgare*) 119, 133
Dränage 26, 27, 112
  am Hang 27
  auf Sedum-Dächern 78
  in Blumenwiesen 37
  in Kunstrasen 63
  Maßnahmen zur Verbesserung 26, 37, 41, 59
*Dryopteris filix-mas* 82–83

Duft 21, 40, 43, 60, 61, 119, 120, 124, 128, 132, 133, 136
Duftbank 14
Düngung 26, 87, 88, 90–91, 112

## E

*Echinacea* (Scheinsonnenhut)
  *pallida* 74–75
  *paradoxa* 74–75
  *purpurea* (Roter Scheinsonnenhut) 126
*Echium vulgare* 'Blue Bedder' (Gewöhnlicher Natterkopf) 119
Efeu, Gewöhnlicher (*Hedera helix*) 135
Einebnen von Rasen 29, 33, 88, 102–104
Einfassungen 35, 36, 43, 44–45
  Mähstreifen 43, 45, 46–47
Einjährige für Blumenwiesen 18–19, 39, 122–123
Einjähriges Rispengras (*Poa annua*) 117
Eisenkraut, Patagonisches (*Verbena bonariensis*) 39, 123
Elfenblume siehe *Epimedium*
*Elymus* (Haargerste) 68
  *magellanicus* 68–69
*Epimedium* × *perralchicum* 'Frohnleiten' (Elfenblume) 82–83
  'Wisley' 76–77
*Eranthis hyemalis* (Kleiner Winterling) 128
*Erica carnea* 'Vivellii' (Schnee-Heide) 131
*Eryngium yuccifolium* (Yuccablättriges Mannstreu) 126
*Eschscholzia californica* (Schlafmützchen) 122
Essbereiche 11, 12–13, 24, 25, 27
*Euonymus fortunei* 'Emerald 'n' Gold' (Kletternder Spindelstrauch) 131
*Eupatorium purpureum* (Purpur-Wasserdost) 126
*Euphorbia* (Wolfsmilch)
  *epithymoides* (*E. polychroma*) 131
  *griffithii* 'Dixter' 76–77

## F

Fächerbesen 94
Faden-Ehrenpreis (*Veronica filiformis*) 111
Familiengarten 7, 10–11, 24, 25, 27, 117
Färber-Mädchenauge (*Coreopsis tinctoria*) 122
Farne 40, 134
Federgras siehe *Stipa, Nasella*
Federgras, Zartes (*Nasella tenuissima*) 18–19, 127
*Festuca* (Schwingel)
  *arundinacea* (Rohr-Schwingel) 117
  *glauca* 'Blauglut' 80–81
  *ovina* (Gewöhnlicher Schaf-Schwingel) 116
  *rubra* (Rot-Schwingel) 116
    subsp. *commutata* 117
Fetthenne siehe *Sedum*
*Filipendula ulmaria* (Echtes Mädesüß) 124
Filz 87, 88, 94, 95, 107
Fingerhut, Roter (*Digitalis purpurea*) 76–77, 124
Flecken im Rasen 105
Fleischbeere siehe *Sarcococca* 41
Fleischbeere, Mäusedornblättrige (*Sarcococca ruscifolia*) 136
Flockenblume, Schwarze (*Centaurea nigra*) 120
Flüssigdünger 87, 91, 136
Formaler Rasen 8–9, 25, 116, 117
Formen von Rasenflächen 34–35
Formschnitthecken aus Buchs 8–9, 20–21
Frauenflachs (*Linaria vulgaris*) 121
Frauenmantel, Weicher (*Alchemilla mollis*) 130
*Fritillaria meleagris* (Gewöhnliche Schachblume) 37, 129
Frost 80, 88, 102
Funkie siehe *Hosta*

## G

*Galanthus* (Schneeglöckchen) 58–59, 70–71, 129
  *nivalis* (Kleines Schneeglöckchen) 129
  'S. Arnott' 70–71
*Galium*
  *odoratum* (Waldmeister) 135
  *verum* (Echtes Labkraut) 120
Gänseblümchen (*Bellis perennis*) 110
Garbe siehe *Achillea*
Gartenlaubkäfer 113
Garten-Melde (*Atriplex hortensis*) 122
Gartenmöbel 11, 12–13
Gartenplaner 86–89
Gartenschlauch 87, 90
Geländekonturen 27
*Genista hispanica* (Spanischer Ginster) 132

Geometrisch-formaler Stil 8–9, 17, 25, 36, 116, 117
*Geranium* (Storchschnabel) 98
  Patricia ('Brempat') 76–77
  *pratense* (Wiesen-Storchschnabel) 51, 121
Gestaltung von Rasen 24–25, 35
*Geum urbanum* (Echte Nelkenwurz) 124
Gießkanne 90, 91
Ginster, Spanischer (*Genista hispanica*) 132
*Glebionis segetum* (Saat-Wucherblume) 72–73, 123
*Glechoma hederacea* (Gewöhnlicher Gundermann) 110
Gold-Garbe (*Achillea filipendulina* 'Gold Plate') 130
Gold-Lauch (*Allium moly*) 128
Grabegabel 87, 95
Gras, aufwachsendes 8–9, 16–17, 36
Gräserarten 68–69, 82–83, 116–118
Grasnelke siehe *Armeria maritima*
Grassamen 10–11, 27, 28, 100, 105
  Aussaat 30–31
Grasschnitt 97, 99, 112
Grasstatuen 14–15
Graswege 8–9, 16, 17, 36
Gundermann, Gewöhnlicher (*Glechoma hederacea*) 110
Günsel, Kriechender (*Ajuga reptans*) 134

## H

Haargerste (*Elymus*) 68
Hahnenfuß, Kriechender (*Ranunculus repens*) 111
Hainsimse, Schneeweiße (*Luzula nivea*) 132
*Hakonechloa macra* 'Aureola' (Japangras) 68–69
Hänge 14, 27, 37, 93
  Bodendecker für Hänge 23, 40, 132, 135, 136
Hartriegel, Kanadischer (*Cornus canadensis*) 137
Heckenschere 107
*Hedera* (Efeu) 14–15, 40, 41
  *helix* 'Glacier' (Gewöhnlicher Efeu) 135
*Helenium autumnale* (Gewöhnliche Sonnenbraut) 126
*Helianthus annuus* (Gewöhnliche Sonnenblume) 123
Herbst-Alpenveilchen (*Cyclamen hederifolium*) 134

Herbst-Krokusse 51, 128
Herbstlaub 88, 100
Hexenringe 113
Himbeere, Dreifarbige (*Rubus tricolor*) 137
Himmelsbambus (*Nandina domestica*) 135
Hirschzungenfarn (*Asplenium scolopendrium*) 134
*Holcus lanatus* (Wolliges Honiggras) 116
Honiggras, Wolliges (*Holcus lanatus*) 116
Hornklee, Gewöhnlicher (*Lotus corniculatus*) 119
Hornnarbe, Kriechende (*Ceratostigma plumbaginoides*) 131
*Hosta* 'Sum and Substance' (Funkie) 137
*Houttuynia cordata* 'Flame' (Houttuynie) 132
*Hypericum calycinum* (Großblütiges Johanniskraut) 132

## I

Immergrün, Kleines (*Vinca minor*) 136
Indianernessel, Späte (*Monarda fistulosa*) 127
Insekten 108, 119
  siehe auch Bienen, Schmetterlinge, Schädlinge

## J

Jakobs-Greiskraut, Gewöhnliches (*Senecio jacobaea*) 111
Japangras (*Hakonechloa macra*) 68–69
Jäten 87, 96, 108–111
Johanniskraut, Großblütiges (*Hypericum calycinum*) 132
Jungfer im Grünen 123
*Juniperus horizontalis* (Kriech-Wacholder) 132

## K

Kalium 88, 91
Kalk 26
Kamille, Römische 20–21, 43, 131
  Rasen pflanzen 60–61
Kantenschere 93, 99
Kantenstecher 34, 45, 47, 57, 93, 99, 103, 105
Katzenminze siehe *Nepeta*
Kaukasusvergissmeinnicht, Großblättriges (*Brunnera macrophylla*) 134

Register 141

# Register

Kies 41, 59, 61, 63, 68, 74, 80
Klappertopf, Kleiner (*Rhinanthus minor*) 37, 123
Klatsch-Mohn (*Papaver rhoeas*) 18–19, 72–73, 123
Klee siehe Trifolium
*Knautia arvensis* (Wiesen-Witwenblume) 51, 121
Knoblauchsrauke, Gewöhnliche (*Alliaria petiolata*) 124
Knollenpflanzen 128–129
Unkraut 108
*Koeleria macrantha* (Zierliches Schillergras) 118
Kornblume (*Centaurea cyanus*) 18–19, 72–73, 122
Kornrade (*Agrostemma githago*) 72–73, 122
Krankheiten 94, 96, 112–113
Kriech-Wacholder (*Juniperus horizontalis*) 132
Krokus siehe Crocus
Kuckucks-Lichtnelke (*Lychnis flos-cuculi*) 125
Kunstrasen 12–13, 14–15
verlegen 62–65

## L

Labkraut, Echtes (*Galium verum*) 120
*Lamium maculatum* 'White Nancy' (Gefleckte Taubnessel) 135
Lanzen-Verbene (*Verbena hastata*) 127
*Lathyrus pratensis* (Wiesen-Platterbse) 121
Laub aufsammeln 88, 100
Laubkäferlarven 113
Laubkompost herstellen 101
*Leontodon hispidus* (Gewöhnlicher Rauer Löwenzahn) 119
*Leucanthemum vulgare* (Magerwiesen-Margerite) 18–19, 51, 72–73, 121
*Leucojum aestivum* (Sommer-Knotenblume) 129
Lichtnelke, Rote (*Silene dioica*) 51, 125
Lieschgras siehe Phleum
Lieschgras, Knolliges (*Phleum bertolonii*) 118
*Linaria vulgaris* (Frauenflachs) 121
*Lolium perenne* (Deutsches Weidelgras) 117
*Lotus corniculatus* (Gewöhnlicher Hornklee) 119
Löwenzahn, Gewöhnlicher (*Taraxacum officinale*) 111
Lungenkraut siehe Pulmonaria

*Luzula* (Hainsimse)
*nivea* (Schneeweiße Hainsimse) 132
*sylvatica* (Wald-Haimsimse) 'Aurea' 135
*Lychnis flos-cuculi* (Kuckucks-Lichtnelke) 125

## M

Mädesüß, Echtes (*Filipendula ulmaria*) 124
Magerwiesen-Margerite (*Leucanthemum vulgare*) 18–19, 51, 72–73, 121
Mähen 35, 87, 88, 96–97, 110, 111, 112, 116, 117
Blumenwiesen 38, 39, 50, 106–107
Mähstreifen 8, 96
neuer Rasen 33
über Trittsteine 48
Zwiebelblumen im Rasen 18, 56, 57, 59, 70
siehe auch Einfassungen, Rasenmäher
Mähränder 43, 45, 46–47
Maiglöckchen (*Convallaria majalis*) 137
*Malva moschata* (Moschus-Malve) 119
Mannstreu, Yuccablättriges (*Eryngium yuccifolium*) 126
Margerite siehe Magenwiesen-Margerite
Maulwürfe 26, 102, 113
Mediterrane Pflanzung 80–81, 130
Mehrjährige Unkräuter 37, 39, 87, 100, 108, 109, 110, 111
Knollenpflanzen 108
*Mentha requienii* (Korsische Minze) 21, 132
Minze, Korsische (*Mentha requienii*) 21, 132
*Miscanthus* (Chinaschilf)
*sinensis* 'Morning Light' 68–69
'Zebrinus' 68–69, 126
Mohn siehe Papaver
Möhre, Wilde (*Daucus carota*) 120
*Molinia caerulea* 'Karl Foerster' (Blaues Pfeifengras) 127
*Monarda fistulosa* (Späte Indianernessel) 127
Moos 91
Moschus-Malve (*Malva moschata*) 119
Motorsense 107
Mulchen gegen Unkraut 109
*Muscari* (Traubenhyazinthe) 18–19, 51

## N

Nährstoffe 26, 37, 87, 88, 91, 112
*Nandina domestica* (Himmelsbambus) 135
*Narcissus* (Narzisse) 56
*bulbocodium* (Reifrock-Narzisse) 129
*cyclamineus* (Alpenveilchen-Narzisse) 129
*Nasella tenuissima* (Zartes Federgras) 18, 19, 127
Natternkopf, Gewöhnlicher (*Echium vulgare*) 119
Naturnahe Gestaltung 8, 25, 29
Nelke siehe Dianthus
Nelkenwurz, Echte (*Geum urbanum*) 124
*Nepeta* 'Six Hills Giant' (Katzenminze) 133
Netze zum Schutz vor Vögeln 38, 100, 105
*Nigella damascena* 123

## O

Oberboden 37, 38, 113
Odermenning, Kleiner (*Agrimonia eupatoria*) 124
*Origanum vulgare* (Gewöhnlicher Dost) 119
*vulgare* 'Aureum' 133

## P

*Pachysandra terminalis* (Japanischer Ysander) 135
*Papaver* (Mohn) 18–19
*rhoeas* (Klatsch-Mohn 18–19, 72–73, 123
*Pennisetum alopecuroides* 68–69
Perlkörbchen (*Anaphalis triplinervis*) 130
*Persicaria* siehe Bistorta
Pfeifengras, Blaues (*Molinia caerulea*) 127
Pflanzbeispiele 66–83
Pflanzen im Porträt 114–137
Pflasterflächen 21, 24
Pflege des Rasens 18, 40, 68–69, 74, 80–81, 82–83, 84–113
*Phleum* (Lieschgras)
*bertolonii* (Knolliges Lieschgras) 118
*pratense* (Wiesen-Lieschgras) 117, 118
*Phlomis russeliana* 133
Phosphor 91

pH-Wert 26, 112
*Pilosella aurantiaca* 51
Planen und Gestalten 24–25, 34
*Plantago major* (Breit-Wegerich) 110
Planung von Rasenflächen 24–25
*Poa* (Rispengras)
*annua* (Einjähriges Rispengras) 117
*pratensis* (Wiesen-Rispengras) 11, 117
*trivialis* (Gewöhnliches Rispengras) 117
*Polemonium yezoense* var. *hidkanum* 'Purple Rain' 82–83
Prärielilie siehe Camassia
Prärielilie, Essbare (*Camassia quamash*) 128
Präriepflanzungen 18–19, 74–75, 126–127, 130
*Pratia pedunculata* (Blauer Bubikopf) 137
*Primula* (Schlüsselblume, Primel)
*veris* (Echte Schlüsselblume) 51, 125
*vulgaris* (Stängellose Schlüsselblume) 125
*Prunella vulgaris* (Gewöhnliche Braunelle) 51, 110
*Pulmonaria* 'Blue Ensign' (Lungenkraut) 136
Purpur-Wasserdost (*Eupatorium purpureum*) 126

## R

Rabatten 8, 16–17, 18, 25
Schnitt der Pflanzen 98, 112
*Ranunculus repens* (Kriechender Hahnenfuß) 111
Rasenansaat 28, 29, 30–31
Rasendünger 87, 88, 91, 104, 112
Rasenflächen formen 32, 34–35
Rasengräser 116–117
Rasenkante 12–13, 93, 98–99
reparieren 99, 105
Rasenmäher 8, 12, 91, 92, 96, 97
Rasenpflege 86–89, 90–113
Rasen-Schmiele (*Deschampsia cespitosa*) 51
Rasentrimmer 93, 97
Rauer Löwenzahn, Gewöhnlicher (*Leontodon hispidus*) 119
Regenwurmhäufchen 113
Reifrock-Narzisse (*Narcissus bulbocodium*) 129
Reparatur von Rasen 102–105
im Jahreslauf 88
Kante 99
*Rhinanthus minor* (Kleiner Klappertopf) 37, 123
Rispengras siehe Poa

Rispengras, Gewöhnliches (*Poa trivialis*) 117
Rohr-Schwingel (*Festuca arundinacea*) 117
Rollrasen 28, 29, 87, 88
 verlegen 32–33
Römische Kamille (*Chamaemelum nobile*) 20–21, 40, 43, 131
 Rasen pflanzen 60–61
*Rosmarinus* (Rosmarin)
 *officinalis* 'Severn Sea' 133
Rost 112
Rot-Klee (*Trifolium pratense*) 119
Rot-Schwingel (*Festuca rubra*) 116, 117
Rotspitzigkeit 112
*Rubus tricolor* (Dreifarbige Himbeere) 137
Ruchgras, Gewöhnliches (*Anthoxanthum odoratum*) 118
*Rudbeckia*
 in Präriepflanzung 18–19
 *subtomentosa* (Schwachfilziger Sonnenhut) 127
*Rumex acetosella* (Kleiner Sauerampfer) 111

## S

Saat-Wucherblume (*Glebionis segetum*) 72–73, 123
Säckelblume (*Ceanothus*) 130
Säen, Pflanzen, Verlegen 22–41
Salbei-Gamander (*Teucrium scorodonia*) 125
Samenmischungen 10–11, 27, 28, 100, 105
Samenstände 18, 68, 72, 74, 106, 120, 123
 Gräser 116, 117, 118, 127
Sandige Böden 26, 90
*Sarcococca* (Fleischbeere)
 *ruscifolia* (Mäusedornblättrige Fleischbeere) 136
Sauerampfer, Kleiner (*Rumex acetosella*) 111
Saure Böden
 geeignete Gräser 26, 116
 geeignete Pflanzen 130, 131, 134
*Scabiosa columbaria* (Tauben-Skabiose) 18–19
Schachblume, Gewöhnliche (*Fritillaria meleagris*) 37, 129
Schädlinge 96, 112–113
Schafgarbe *siehe* Wiesen-Schafgarbe
Schaf-Schwingel, Gewöhnlicher (*Festuca ovina*) 116
Schatten 27
 Bodendecker für Schatten 41, 82–83, 100, 134–137

Gräser 14, 117
 kahle Stellen 105
Schattenrasen 27, 105
Scheinsonnenhut *siehe Echinacea*
Scheinsonnenhut, Roter (*Echinacea purpurea*) 126
Schillergras, Zierliches (*Koeleria macrantha*) 118
Schlafmützchen (*Eschscholzia californica*) 122
Schlangen-Wiesenknöterich (*Persicaria bistorta*) 133
Schleimpilze 112
Schlüsselblume, Echte (*Primula veris*) 51, 125
Schlüsselblumen *siehe Primula*
Schmetterlinge 36, 61, 74, 108
Schmuckkörbchen, Schwarzes (*Cosmos atrosanguineus*) 18–19
Schnakenlarven 113
Schneeglanz *siehe Chionodoxa*
Schneeglöckchen (*Galanthus*) 58–59, 70–71, 129
Schneeglöckchen, Kleines (*Galanthus nivalis*) 129
Schnee-Heide (*Erica carnea*) 131
Schneeschimmel 112
Schnitt 38, 39, 50, 106–107
Schnittabfall *siehe* Grasschnitt
Schnitthöhe 96
Schwachfilziger Sonnenhut (*Rudbeckia subtomentosa*) 127
Schwefelsaures Ammoniak 26
Schwingel *siehe Festuca*
*Scilla siberica* 'Spring Beauty' 70
*Sedum* (Fetthenne) 40
 Dachbegrünung 78–79
 *rupestre* 'Angelina' 78–79
 *selskianum* 'Spirit' 78–79
 *spurium* 'Schorbuser Blut' 78
 *tetractinum* 'Coral Reef' 78–79
Seidenpflanze, Knollige (*Asclepias tuberosa*) 74–75, 126
Selbstaussaat 18, 38, 39, 50, 72, 76, 106, 122, 124
*Senecio jacobaea* (Gewöhnliches Jakobs-Greiskraut) 111
Sense 107
Silber-Chinaschilf (*Miscanthus sinensis*) 68–69, 126
*Silene dioica* (Rote Lichtnelke) 51, 125
Sitzplatz 11, 12–13
Skabiosen-Flockenblume (*Centaurea scabiosa*) 120
Sodenspaten 93, 103
*Soleirolia soleirolii* (Bubiköpfchen) 17, 21, 137
Sommer-Knotenblume (*Leucojum aestivum*) 129

Sonnenblume, Gewöhnliche (*Helianthus annuus*) 123
Sonnenbraut, Gewöhnliche (*Helenium autumnale*) 126
Sonneneinstrahlung 27
Sonnige Standorte, Bodendecker 41, 80–81, 130–133
Spaten 47, 105
Spielbereiche 10–11, 12–13, 24, 25, 27, 117
Spielrasen 7, 10–11, 24, 25, 27, 117
Spindelstrauch, Kletternder (*Euonymus fortunei*) 131
Springbrunnen 8, 14–15
Sprinkler 90
*Stachys* (Ziest)
 *byzantina* (Woll-Ziest) 133
 *sylvatica* (Wald-Ziest) 125
Standortbestimmung 26–27, 37
Stauden 8–9, 74–75, 76, 80, 98, 99
 in Blumenwiesen 39, 120–121
 Präriepflanzungen 18–19, 74–75, 130
Stickstoff 87, 88, 91, 97, 112, 119
*Stipa* (Federgras)
 *calamagrostis* 68–69
 *tenuissima siehe Nasella*
Storchschnabel *siehe Geranium*
Sträucher 41
 Unterpflanzung 130, 134, 136
Straußgras *siehe Agrostis*
Straußgras, Rotes (*Agrostis capillaris*) 51, 116
Straußgras, Weißes (*Agrostis stolonifera*) 117
Stufen 27, 40
Stützen von Bäumen 54–55
Sukkulenten 14, 40, 78–79
*Symphytum* (Beinwell) 'Goldsmith' 136

## T

*Taraxacum officinale* (Gewöhnlicher Löwenzahn) 111
Tauben-Skabiose (*Scabiosa columbaria*) 18–19
Taubnessel, Gefleckte (*Lamium maculatum*) 135
Teppich-Zwergmispel (*Cotoneaster dammeri*) 131
*Teucrium scorodonia* (Salbei-Gamander) 125
Texturen 16–17, 20–21
Thymianrasen 21, 40, 61
*Tiarella wherryi* 136
Tiere 36, 68, 74, 107, 108
*Tipula*-Larven 113
Tonige Böden 26, 41, 90

Topdressing 33, 88, 90–91, 94, 104, 105
Traubenhyazinthe (*Muscari*) 18–19, 51
*Trifolium* (Klee)
 *pratense* (Rot-Klee) 119
 *repens* (Weiß-Klee) 111
Trimmer 93, 97
*Trisetum flavescens* (Gewöhnlicher Wiesen-Goldhafer) 118
Trittsteine 21, 25, 48–49
Trockenheit 87, 90, 96, 102
 geeignete Pflanzen 18, 27, 78, 80–81, 116, 117, 118, 120
Trocknen von Gras 94, 112, 113
*Tulipa* (Tulpe)
 *sprengeri* 129

## U

Unkrautbekämpfung 91, 108–109
Unkräuter 29, 96, 98, 108–111, 113
 mehrjährige 37, 39, 87, 100, 108, 109, 110–111
 Unterdrücken 41, 63, 68, 74, 109, 136
Unkrautfolie 41, 63, 68, 109

## V

*Verbena bonariensis* (Patagonisches Eisenkraut) 39, 123
 *hastata* (Lanzen-Verbene) 127
*Veronica filiformis* (Faden-Ehrenpreis) 111
*Veronicastrum virginicum* (Virginischer Arzneiehrenpreis) 127
Verschönern des Rasens 42–65
Vertikutieren 87, 88, 95, 100, 112
Vertikutierer 91
Verwildern von Zwiebelblumen 43, 56–57, 70–71
*Vinca minor* (Kleines Immergrün) 136
Vögel 38, 100, 105, 113, 120
Vorbereitung der Fläche 28–29, 33

## W

Waldblumen 124–125
Wald-Glockenblume (*Campanula latifolia*) 120

## Register

Wald-Haimsimse 'Aurea' (*Luzula sylvatica*) 135
Waldmeister (*Galium odoratum*) 135
Waldpflanzung 76–77
*Waldsteinia ternata* (Dreiblättrige Waldsteinie) 136
Wald-Ziest (*Stachys sylvatica*) 125
Wasserabzug *siehe* Dränage
Wasserelemente zur Zierde 8, 14–15, 25
Wässern 17, 26, 27, 35, 87, 90, 105, 113
 Blumenwiesen 38, 50, 72
 neuer Rasen 30, 31, 32, 33, 90
 Sprinkler 90
 Viereckregner 90
Wege 8–9, 11, 16–17, 25, 36
Weidelgras, Deutsches (*Lolium perenne*) 117
Weidelgräser (*Lolium*-Arten) 11, 26, 37, 117
Weiß-Klee (*Trifolium repens*) 111
Werkzeuge und Geräte 31, 92–95, 109
Wiese *siehe* Blumenwiese
Wiesen anlegen 36–37, 38
Wiesenblumen 119–123, 130
 in eine Fläche pflanzen 50–51
Wiesen-Goldhafer, Gewöhnlicher (*Trisetum flavescens*) 118
Wiesengräser 8, 14, 117–118
Wiesen-Kammgras (*Cynosurus cristatus*) 51, 118
Wiesen-Lieschgras (*Phleum pratense*) 117, 118
Wiesen-Platterbse (*Lathyrus pratensis*) 121
Wiesen-Rispengras (*Poa pratensis*) 11, 117
Wiesen-Schafgarbe (*Achillea millefolium*) 51, 110
Wiesen-Storchschnabel (*Geranium pratense*) 51, 121
Wiesen-Witwenblume (*Knautia arvensis*) 51, 121
Windröschen *siehe* Anemone 18–19
Winterling, Kleiner (*Eranthis hyemalis*) 128
Wolfsmilch *siehe* Euphorbia
Wolfsmilch, Bunte (*Euphorbia polychroma*) 131
Woll-Ziest (*Stachys byzantina*) 133

### Y

Ysander, Japanischer (*Pachysandra terminalis*) 135

### Z

Ziegelsaum 20–21, 45, 46–47
Ziergräser 11, 18–19, 68–69, 80–81
Ziest *siehe* Stachys, Betonica
Ziest, Echter (*Betonica officinalis*) 124
Zittergras, Mittleres (*Briza media*) 118
Zugänge 25
Zwiebelblumen
 für Blumenwiesen 51
 im Rasen 18–19, 128–129
 Mähen 18, 56, 57, 59, 70
 Pflanzen 50, 56–59, 70
 unter Bäumen 52, 58–59, 70–71, 100
 verwildern lassen 43, 56–57, 70–71

## Bildnachweis und Dank

Der Verlag dankt folgenden Personen und Institutionen für die freundliche Genehmigung zum Abdruck der Abbildungen:

(Schlüssel: o = oben, u = unten, m = Mitte, l = links, r = rechts, g = ganz)

**8 GAP Photos:** Charles Hawes (or). **9 Photolibrary:** Allan Mandell (um). **10 Photolibrary:** Brian Carter. **11 GAP Photos:** Elke Borkowski (m). **Photolibrary:** Zave Smith (o). **12–13 Easigrass.com** (m). **13 As Good as Grass:** (mr). **Evergreens (UK) Ltd:** (ur). **GAP Photos:** Brian North (or). **14–15 GAP Photos:** Leigh Clapp. **15 Marianne Majerus Garden Images:** MMGI (ol). **18–19 GAP Photos:** Hanneke Reijbroek. **24 Marianne Majerus Garden Images:** MMGI. **25 The Garden Collection:** Jonathan Buckley (or). **27 GAP Photos:** Lynn Keddie (ur). **36 Photolibrary:** Suzie Gibbons (ul). **45 Getty Images:** Evan Sklar (um, ur). **51 Corbis:** Fritz Polking; Frank Lane Picture Agency (gom). **55 Peter Anderson:** (u). **57 Garden World Images:** Eric Crichton (ur). **58 GAP Photos:** Jo Whitworth. **60 GAP Photos:** Marcus Harpur. **69 The Garden Collection:** Jonathan Buckley. **71 The Garden Collection:** Nicola Stocken Tomkins. **73 The Garden Collection:** Derek Harris. **74 GAP Photos:** Dianna Jazwinski (ur). **82 GAP Photos:** Adrian Bloom (ur); Heather Edwards (mr); Fiona McLeod (mu). **86 GAP Photos:** Elke Borkowski. **89 GAP Photos:** Gerald Majumdar. **90 DK Images:** Rebecca Tennant (o). **106 DK Images:** Caroline Reed (ur). **107 DK Images:** Rebecca Tennant. **112 FLPA:** Nigel Cattlin (mru). **Royal Horticultural Society:** (mu). **Science Photo Library:** Nigel Cattlin (mlu). **113 Corbis:** Wally Eberhart / Visuals Unlimited (mro). **DK Images:** Caroline Reed (gl). **GAP Photos:** FhF Greenmedia (ml); Flora Press (mo). **Science Photo Library:** Nigel Cattlin (mlu). **116 Emorsgate Seeds:** (ml, m, mro, mru). **117 NHPA / Photoshot:** Liam Grant (ml). **Science Photo Library:** Wolfgang Hoffmann (mo). **The Sports Turf Research Institute:** (mlu). **118 Emorsgate Seeds:** (mo, mro, mu). **FLPA:** Peter Wilson (mlu). **119 Garden World Images:** Nigel Downer (mo). **120 GAP Photos:** Sarah Cuttle (mr). **Garden World Images:** Andrea Jones (mo). **121 GAP Photos:** Martin Hughes-Jones (mu); Howard Rice (mro). **122 Garden World Images:** (mo). **123 Corbis:** Niall Benvie (mu). **124 Corbis:** George McCarthy (mo). **125 Corbis:** Michael Maconachie; Papilio (mlo); Ian Rose; Frank Lane Picture Agency (mru). **Garden World Images:** (mu). **126 Corbis:** Gary Meszaros / Visuals Unlimited (mlo). **Garden World Images:** Martin Hughes-Jones (mro). **127 GAP Photos:** John Glover (mu); Jo Whitworth (mlo). **Getty Images:** Richard Bloom (mro). **128 Corbis:** Harpur Garden Library (mlo). **Getty Images:** Kelly Kalhoefer (mro). **133 Garden World Images:** (mlo). **134 GAP Photos:** Matt Anker (mlo). **136 GAP Photos:** Christina Bollen (mlo). **Garden World Images:** (mo). **137 GAP Photos:** Howard Rice (mu). **Garden World Images:** Trevor Sims (mro).

**Cover**
*Buchrücken und vorn:* GAP Photos/ Elke Borkowski (o)

Alle weiteren Abbildungen
© Dorling Kindersley

Mehr Informationen unter www.dkimages.com

**Dorling Kindersley dankt ferner folgenden Personen und Institutionen:**
Alex Storch, Emorsgate Seeds, The Sports Turf Research Institute, Evergreens UK, Easigrass™ und Tony Wagstaff, Architekt des Home-Front-Gartens in Zusammenarbeit mit dem Southend Youth Offending Service.

Leitung der Fotoaufnahmen: Alison Gardner
Redaktionsassistentin: Fiona Wild
Register: Jane Coulter